AF607386

Este volumen se ha editado con la ayuda del legado del profesor José Romera Castillo y la UNED.

Imagen: fotografía de Antonio Gala en la web de la Fundación.

http://www.edicionesinvasoras.com
D.L. ZA 71-2024
ISBN: 978-84-18885-85-3

JOSÉ ROMERA CASTILLO

ANTONIO GALA A ESCENA

A la Fundación Antonio Gala
para jóvenes creadores
por su rica y eficaz labor.

Índice

Antonio Gala en mi recuerdo

Ahora hablaré... de Antonio Gala: unas memorias caleidoscópicas

El caracol en el espejo

Carmen Carmen

Las manzanas del viernes

Cristóbal Colón

Mensaje del Día Mundial del Teatro 1998

[El teatro], a lo largo de la historia de la humanidad, nos ha ayudado tanto. Ha sido nuestra arma de ataque y nuestro escudo de defensa. Ha mantenido al hombre desde su nada tierna infancia, fascinado con su magia y con su desdoblamiento. Ha consistido y consiste en un carnaval que desenmascara, y en un disfraz que revela; en la mano exigente que planta, ante un rostro que se desconoce, su reproducción más o menos amable ha reconfortado al ser humano, desembrollándolo de sus contradicciones; lanzando una descomedida carcajada frente a quienes lo oprimían; reduciendo los dioses terribles a su tamaño de criaturas que el hombre había inventado para temer o amar. [...] Ha consolado las desolaciones, despertando las fantasías, alquitarado los excesos, fustigado a los poderosos y esperanzado a los humildes. [...] Con el Teatro cada pueblo se ha expedido su propio documento de identidad. Porque la identidad de un pueblo no la marca su Historia, sino la sabiduría y las consecuencias que él saque de ella. Y así como el arte es la vía más alta que conozco de asimilar la Historia, así también sería casi imposible encontrar un arte más colectivo, más participativo que el del teatro y sus resplandecientes arrabales. [...] Sed vosotros responsables de su vida y su suerte: él no espera otra cosa. De la diversidad saldrá nuestra riqueza: de las diferencias, nuestra fraternidad.

Antonio Gala

(*Primer Acto* 273, 1998, pág. 121)

Antonio Gala en mi recuerdo

1. PÓRTICO

Algo se muere en el alma / cuando un amigo se va / y va dejando una huella / que no se puede borrar… Así se inicia una composición muy popular, *Sevillana del adiós*, de los Amigos de Gines. En efecto, esto mismo pasó –me pasó– cuando Antonio Gala se nos fue, el 28 de mayo de 2023, a los 92 años, en el Hospital Universitario Reina Sofía de Córdoba. Cómputo de años real, ya que, como anécdota y por coquetería, Antonio se quitaba años, al postular, pública y oficialmente, que había nacido en 1936 y no en 1930. Cualquiera le contradecía… A este curioso hecho, es preciso añadir otro: Gala nació el 2 de octubre del mencionado año, en Brazatortas, un pueblo de Ciudad Real, donde su padre ejercía de médico, y no en Córdoba a donde llegó con nueve años, aunque él siempre ejerciera de cordobés.

Con motivo de su fallecimiento, la dirección de la revista *Estreno* me pidió, como estudioso de su obra, alguna remembranza de la figura del escritor. Hecho que asumí, complacido y agradecido por la invitación, con una primera advertencia (válida para ahora también): que no voy a hacer un pormenorizado y académico estudio de la vida y obra de Antonio Gala Velasco (1930-2023), puesto que he tenido la ocasión de hacerlo en los numerosos trabajos que le he dedicado, sino que mi propósito era –y es– realizar unas breves pinceladas evocadoras de su trayectoria, fundamentalmente la teatral, por publicarse inicialmente estas líneas en una revista de teatro como *Estreno. Cuadernos del teatro español contemporáneo* (nº 49, 2023, págs. 3-19) –texto que ahora rehago y amplío–, únicamente desde mi cercanía personal con el escritor[1].

2. AMICITIA SEMPER PRODEST

Dos han sido las puertas de entrada de mi cercanía personal a Antonio Gala. Una, la primera, a través de su obra teatral, como expondré en el apartado siguiente; y otra, segunda, la personal, de la que daré algún apunte. Empezaré por esta última.

[1] Pueden verse mis trabajos, "Antonio Gala", en K. y Th. Reichenberger (eds.), *Siete siglos de autores españoles* (Kassel: Reichenberger, 1991, págs. 351-353) y "Sobre Antonio Gala", *Cuadernos de Dramaturgia Contemporánea* (Alicante), n.º 2 (1997), págs. 53-56. Además, el siguiente enlace: http://www.muestrateatro.com/home.html#pagina=/cuadernos.html [20/02/2024].

En efecto, en el Instituto Español de Cultura de Roma, se organizó un Coloquio Internacional sobre *Semiótica del teatro: El texto de la representación (Teatro español e italiano del siglo XX)*, del 25 al 27 de noviembre de 1983. Invitado por su director, el querido amigo Sito Alba, presenté una comunicación, "En el texto de *El cementerio de los pájaros*, de Antonio Gala", que fue la base de lo que después culminaría en la edición del texto. En el coloquio participó también Antonio Gala, como estrella invitada. Reseñaré algunas anécdotas romanas posteriormente. Y allí fue donde personalmente lo conocí. Durante esos días se sembró la semilla de una incipiente amistad, reforzada después con las consultas que le realicé para mi edición de *Los verdes campos del Edén* y *El cementerio de los pájaros*. Desde entonces he mantenido una cierta proximidad con el autor, a través de numerosas y diversas actuaciones, que, si bien están referidas a mis contactos, pueden servir también para aportar datos bio-bibliográficos del escritor.

Amistad compartida en situaciones personales (fiestas en su casa con motivo de su onomástica, en la Feria del Libro de Madrid, presentaciones de libros, estrenos, actividades en su fundación de Córdoba, etc.). Así como traeré a colación las invitaciones que le hice a Gala para que impartiese conferencias en actividades universitarias, como, por ejemplo, en dos cursos de verano de la UNED, llevados a cabo bajo mi dirección: *La literatura española en la actualidad (1975-1991)*, celebrado en Ávila, del 15 al 19 de julio de 1991 y *El teatro español actual. El teatro de*

Antonio Gala, realizado en Denia (Alicante), del 20 al 24 de julio de 1992. La gran afluencia de público, en los dos centros universitarios asociados a la UNED, de sendas localidades, hizo que las sesiones hubo que cambiarlas de lugar y trasladarlas a espacios públicos más amplios.

En efecto, y como consecuencia de todo ello, quisiera dejar claro de cómo la amistad siempre aprovecha, por lo que he querido que la primera tesela de este incompleto retrato de Antonio Gala, que intento esbozar en este recordatorio, esté referida a este amical don. Buena prueba de ello, por ejemplo, es la dedicatoria que Gala plasmó en la página inicial de mi edición de las dos obras, antes mencionadas, a las que me referiré después:

> Para Pepe Romera, con mi esperanza en él
> y en nuestra amistad, como una alta torre duradera.
> 3-I-90. Antonio Gala.

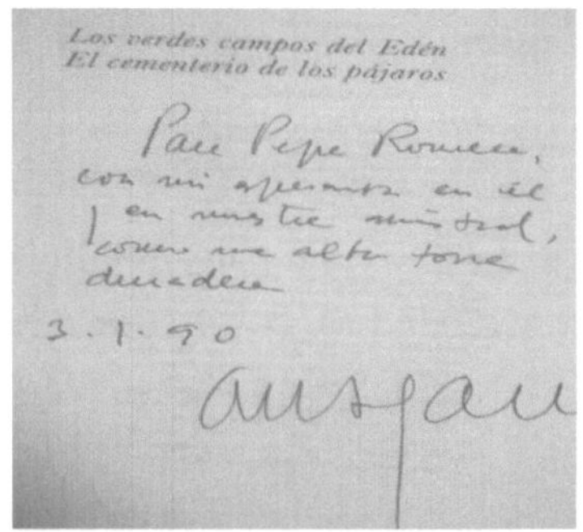
Los verdes campos del Edén
El cementerio de los pájaros

Dedicatoria autógrafa de Antonio Gala

Así como en la dedicatoria también autógrafa que plasmó en una de mis ediciones de su obra:

Esta *Carmen Carmen*
para Pepe Romera,
que sabe más de mí
que yo mismo.
Con mi mejor abrazo.
3-I-90. Antonio Gala.

3. MIS CONTACTOS CON SU TEATRO

Vaya a continuación la segunda tesela, referida al primer punto de contacto en mi acercamiento a Antonio Gala a través exclusivamente de su obra teatral. Conocí a Antonio con motivo de mis inicios en el estudio de su trayectoria literaria, especialmente sobre su teatro, aspecto del que solamente trataré en este trabajo. Y ello es debido también a que Antonio es, fundamentalmente, un hombre de teatro, aunque haya practicado otros géneros.

3.1. Mi primer contacto

Mi primer contacto con sus creaciones, en este género y en todos, fue como espectador. Terminados mis estudios universitarios en la Universidad de Granada, tras un fugaz paso por Cáceres, me instalo en la Universidad de Valencia como colaborador y encargado de curso de la cátedra de Literatura Española, a inicios de la década de los setenta del siglo pasado, viajando con frecuencia los fines de semana a Madrid especialmente para ver teatro. Gala triunfaba entonces en los escenarios madrileños con diversas obras.

En uno de esos viajes pude asistir, en 1972, a la puesta en escena de *Los buenos días perdidos*[2] –Premio Nacional de Literatura– en el teatro Lara de Madrid, que fue mi primer contacto con la dramaturgia de Antonio Gala. Un curioso hecho patrocinó mi interés por ir a verla: por alguna reseña me enteré de que la obra había sido escrita en Granada, por lo que esta tan insignificante circunstancia fue también para mí, como granadino, un gancho incitador. La obra –uno de los mayores

[2] Junto con *Anillos para una dama* (Madrid: Castalia, 1988, págs. 121-196; con edición de Andrés Amorós). También en *Obras escogidas* (Madrid: Aguilar, 1981, págs. 1-72; con prólogo de Fausto Díaz Padilla).

éxitos de Gala– versa sobre la inveterada tradición de la realidad española en general, aunque su fondo metafórico sea la sociedad de la España de posguerra. Los verdaderos protagonistas de la historia dramática son los dos poderes que siempre han ejercido su coerción sobre el pueblo en la historia española: el militar y el eclesiástico. "Por eso –escribe Gala– la vieja puta [Hortensia] protagonista de *Los buenos días perdidos* se siente tan segura entre sus dos columnas, las dos con uniforme –o con hábito, que es como la Iglesia llama a sus uniformes–: un guardia municipal [Lorenzo] y un sacristán [Cleofás], la máxima dosis de uniforme que entonces nos permitía la censura. (Por otra parte, dado el aire intencionadamente garbancero de la comedia, no me vino mal esa reducción de los dos poderes, acatetados y caricaturizados. Por la misma causa que entiendo que la mayor ración de ópera que el sentido musical español admite es la zarzuela. Y porque –hora es ya de decirlo– siempre he tenido por los uniformes, y por la uniformidad, en general, una instintiva prevención.)" *(PM,* 102)[3]. Salí de la representación un tanto desconcertado. De un lado, me pareció excelente la puesta en escena de la mano de José Luis Alonso Mañes (1924-1990), con decorados de Francisco Nieva –otros dos descubrimientos insignes–, y con excelentes interpretaciones de Juan Luis Gallardo, Mary Carrillo, Amparo Baró y Manuel Galiana –más descubrimientos–. Pero

---

3 *En propia mano* (Madrid: Espasa-Calpe, 1983). En adelante *PM.*

de otro, la historia que se presentaba, la de una triste y negra realidad española, que me hacía unirla a la *Historia de una escalera*, de Buero Vallejo, que había visto y leído con anterioridad, en principio, no era de mi gusto, hasta que llegó el final –siempre el final, el cierre, construye el significado textual– en el que se abría un portillo de esperanza al querer los personajes salvarse y huir de esa realidad negruzca y lastimera. La semilla estaba sembrada. Por lo que me interesé en conocer más aspectos de la vida y obra del escritor, y de su entorno, el de la llamada *Generación realista,* en la que se le enmarcaba no sé con qué tino.

Desde aquella primera experiencia, siguiendo la costumbre de viajar a Madrid para ver teatro, asistí a cuantas puestas en escena galianas pude, aficionándome a su teatro, como a continuación indico.

Anillos para una dama (1973)[4] –otro de sus éxitos– es una recreación histórica cidiana, destinada a reflexionar sobre la España de aquella época en las postrimerías del franquismo. Constituye una desmitificación de la historia de España –frente a las tesis de Menéndez Pidal– y una historia de amor frustrado. La obra es "una comedia desmitificadora de tanto *nolimetángere*, de tanto trapo negro, de tanta monotonía, de tanto aburrimiento como hay en esa Historia de España que han querido

---

[4] Junto con *Los buenos días perdidos* (Madrid: Castalia, 1988, págs. 197-253; con edición de Andrés Amorós). También en *Obras escogidas* (págs. 431-492).

enseñarnos y en la que hemos vivido. Una comedia a la que la censura detuvo con un 'stop' precautorio demasiado cargante y, como se demuestra dos veces cada día, completamente fuera de lugar" *(TP,* 125)[5]. Jimena, "La Campeadora", una vez muerto el Cid, quiere vivir su propia vida y se enamora de Minaya. No consigue su propósito de casarse por segunda vez. Se lo impiden el poder político y el religioso, una vez más en danza en la dramaturgia de nuestro autor. La obra, cuya idea surgió del casamiento de la viuda del presidente Kennedy con el multimillonario Onassis, tuvo también problemas con la censura, como hemos visto anteriormente, por el hecho de hacer referencia, en las postrimerías del franquismo, a la boda en Oviedo, a una dama con collares, al brazo derecho de una santa como reliquia curativa, a caudillos, muertes –Carrero Blanco ascendía, dos meses después, por los cielos: "De Madrid, al cielo", qué verdad nada tópica– y cambios; hasta que un director de TVE, llamado Adolfo Suárez, astuto y hábil como siempre, logró que el informe de la censura, con "increíbles cortes", fuese favorable al estreno. Gala hace en esta obra lo que sugiere la protagonista: "...viene una destrozona con jabón y bayeta y pone al descubierto lo que con tanto cuidado disfrazábamos" *(TP,* 113).

---

5 *Texto y Pretexto* (Madrid: Sedmay, 1977). En adelante *TP.*

Las citaras colgadas de los árboles (1974)[6] –título tomado del Salmo 136– es una obra en la que Gala hace un análisis crítico sobre nuestro Siglo de Oro, a través de una reflexión sobre la otra España, la americana, con el descubrimiento, así como un homenaje a la picaresca. En efecto, en la pieza hay una desmitificación de un acontecimiento de la historia española: el descubrimiento de América. La comedia –como ha señalado Andrés Amorós– es un análisis crítico, muy alejado de la visión ditirámbica al uso, de nuestro Siglo de Oro y a la vez un homenaje a la literatura picaresca –de la que tan devoto es nuestro autor– al denominar a los personajes con los nombres más señeros de la misma. El argumento de la pieza, centrado en el siglo XVI, recoge un momento de la historia "en que, más tajantes que nunca, había dos Españas y una estaba más lejos que nunca de la otra... El momento en que nace la España americana, que fue entonces la Nueva, mientras el agua se había estancado tanto que sólo era ya fango, como esas ciénagas que ahogan al que quiere limpiarlas... La anécdota que, como vehículo, he preferido en este caso es el relato de un retorno –ese eterno retorno [como el de Juan, en *Los verdes campos del Edén*]–, de una redención no consentida y de un amor que va más allá de los límites, si es que son límites para el amor los impuestos por unas

---

[6] Junto con *¿Por qué corres, Ulises?* (Madrid: Espasa-Calpe, 1977, págs. 31-120; con prólogo de Enrique Llovet). También en *Obras escogidas* (págs. 493-578).

circunstancias más pasajeras que él", como el propio autor señala en su *Antecrítica.*

¿Por qué corres, Ulises? (1975)[7], constituye una desmitificación del héroe homeriano y, de nuevo, una sátira de la España de entonces y fue recibida con división de opiniones por el público del estreno y con fiera negatividad por la crítica (ver "Pateo" en *TP,* 400-402). En efecto, en la pieza, Gala desmitifica la historia del Ulises de la *Odisea* de Homero y hace una sutil y efectiva denuncia de nuestra sociedad. En lugar del mítico héroe, nos encontramos con un Ulises 75 –con intencionado anacronismo– de la "posguerra náufraga", representante del poder y sustentador de un ideario ya trasnochado, que es humillado por una Nausica 75, llena de modernidad y vida, para la que el héroe sólo le sirve para satisfacerse sexualmente. Ante ello, el burlado protagonista añora a su mujer, Penélope, y regresa junto a ella. De nuevo el retorno –el eterno retorno– que Gala evoca con asiduidad. He aquí su confesión a la *Dama de Otoño*: "Con frecuencia me viene a la memoria el retorno de Ulises. Ese retorno demorado a Ítaca, contra los dioses, contra los vientos, contra la mar, contra sí mismo casi siempre. Esa vuelta a su casa: a Penélope fría, al distante Telémaco, a un padre inservible, al perro *Argos* ciego, el único que lo esperaba para morir

---

[7] Junto con *Las cítaras colgadas de los árboles* (Madrid: Espasa-Calpe, 1977, págs. 121-212; con prólogo de Enrique Llovet). También en *Obras escogidas* (págs. 689-775).

tranquilo de una vez. Evoco ese retorno. Toda mi vida es eso: retomar sin que se me espere y sin saber adónde; retornar al recuerdo de una casa: memoria y profecía. Qué confusos el futuro y el pasado. Qué confuso el presente. Para Ulises, ¿era el tosco palacio de Ítaca su casa? ¿O la casa de Ulises era el mar? En el fondo, desde el principio, tú tuviste la certeza de que la casa de uno es su destino. Yo aún no lo he aprendido" *(CD,* 169)[8]. Pero volviendo a la trama argumental de la obra, vemos que Penélope, que ha estado esperando veinte años a que vuelva Ulises de la guerra de Troya, ha cambiado, y en el fondo –como el escritor nos dice en la *Antecrítica* de la pieza teatral– "no echa de menos a su marido: se echa de menos a sí misma y a su fuerza inicial... [A su regreso] Ulises no halla ni esposa, ni heredero. Halla la ambigua convivencia de una mujer que lo acepta como último recurso y la fría esquela mortuoria con que un frío sucesor ha cubierto su nombre". Ítaca, para Ulises, está definitivamente perdida.

3.2. Un paréntesis retrospectivo

Tras lo expuesto hasta ahora, he de echar la vista hacia atrás a través de este paréntesis clarificador. En efecto, para completar el panorama de la trayectoria de Antonio Gala era preciso conocer otras piezas anteriores en su trayectoria teatral.

---

8 *Cuaderno de la Dama de Otoño* (Madrid: Ediciones *El País*, 1985). En adelante *CD.*

Ni que decir que me faltaba tener en cuenta su primera y gran obra, *Los verdes campos del Edén* (1963)[9] –Premio Nacional Calderón de la Barca–, estrenada el 20 de diciembre de 1963, en el teatro María Guerrero de Madrid. Obra en la que, teniendo como telón de fondo la posguerra española, se plantea el problema de la redención y la necesidad que tiene el ser humano –simbolizado en escena por una serie de individualidades reunidas, por diversos motivos, en el panteón familiar de un cementerio– de buscar un mundo nuevo en el que imperen la justicia, la libertad, la esperanza y el amor entre los seres humanos, pese a las cortapisas que el orden viejo trata de imponer. Con esta pieza, Gala irrumpía en el mundo de las candilejas con gran éxito y con tal fuerza que iba a cambiar su *sino* (del ámbito poético pasaría al de Talía). Como confesaba a su querida *Dama de Otoño*, tras el estreno mencionado, "sufrí un manifiesto empellón. Resistirse a él hubiera sido inútil y suicida. La literatura *profesional* me asaltaba. Los humildes refugios del poema, del cuento, del ocio creativo se vieron de repente conquistados por tropas enemigas: no íntimas ya, no reducidas, no cariñosas, no fraternas [...] La literatura como placer se replegaba, pasaba a ser un modo de vivir. En mi carnet de identidad, renovado en el siguiente febrero, se leía ya exactamente lo que hoy: *profesión, escritor*" (*CD*, 48-49)[10].

---

[9] Junto con *El cementerio de los pájaros* (Barcelona: Plaza & Janés, 1986, págs. 119-222; con edición de José Romera Castillo). Prólogo para las dos obras (págs. 15-118). También en *Obras escogidas* (págs. 1-72).

Desconocía otras obras, como su segundo estreno *El sol en el hormiguero* (1966)[11], una fábula política del autocrático poder, que tiene como referencia a la figura del gigante Gulliver, de Jonathan Swift, encarnador de un sentimiento comunitario que provocaba el doloroso triunfo de los limpios, encargado de liberar y redimir al pueblo, que vive en el hormiguero, de los designios de un maquiavélico rey y de su gobierno. La obra tuvo graves problemas con la censura, al ser retirada de la cartelera a los quince días de su estreno.

Así como *Noviembre y un poco de yerba* (1967)[12], basada en un hecho real, el de un vencido de la guerra civil española, escondido durante veintisiete años en un sótano, del que no sale hasta que no se promulga una ley de amnistía y, al hacerlo, se le dispara su viejo fusil, muriendo por la única bala que tenía. La obra –con algunas concomitancias con *El tragaluz* de Buero Vallejo y que fue un rotundo fracaso en su estreno de crítica y de público– pone de manifiesto el aniquilamiento al que es sometido un vencido de dos guerras: la social y la cotidiana del amor, en la que se refugia fue un rotundo fracaso de crítica y público.

---

[10] *Cuaderno de la Dama de Otoño* (Madrid: Ediciones *El País*, 1985).

[11] En *Obras escogidas* (Madrid: Aguilar, 1981, págs. 1-72; con prólogo de Fausto Díaz Padilla).

[12] Junto con *Petra Regalada* (Madrid: Cátedra, 1981, págs. 111-181; con edición de Phyllis Zatlin Boring). También en *Obras escogidas* (págs. 229-303).

También me faltaba *El caracol en el espejo* (1970)[13], obra nunca estrenada, aunque sí publicada, en la que se pone de manifiesto un simbolismo religioso, cuando el portero –trasunto de Dios– pretende que cada uno de los invitados a la fiesta ponga un ladrillo para terminar la casa, aunque ninguno le haga caso. Trata, en suma, simbólicamente, de la soledad del caracol ante sí mismo, con tonos de surrealismo en lo político y en lo social. Años después, realicé un análisis crítico de la pieza en una nueva edición, que se incluye en este volumen.

Asimismo, no conocía dos piezas de teatro musical, a las que les prestaría alguna atención posteriormente. *Spain's strip-tease* (1970)[14], en la que se pone al desnudo, con una desenfadada sátira y dentro de los límites que la censura permitía, la realidad de la España de entonces, así como las diversas reacciones de los españoles ante la posible autorización por la censura del *strip-tease*. Y *¡Suerte, campeón!* (1973)[15], en la que se trata de una historia de amor y las hostilidades que el entorno social le declara, denunciando explícitamente los resortes de la sociedad de consumo de un modo satírico. La obra se iba a estrenar en septiembre de 1973, con dirección del polifacético

---

[13] Publicada en Madrid: Sociedad General de Autores y Editores, 2003 (Colección *Teatrohomenaje*, n.º 7). "Análisis crítico" (págs. 99-116). También en *Obras escogidas* (págs. 75-143).

[14] En *Obras escogidas* (págs. 305-349).

[15] En *Obras escogidas* (págs. 579-687).

Adolfo Marsillach e interpretada por la cantante Massiel (entre otros actores), en el teatro de La Comedia de Madrid, pero que no pudo llevarse a cabo por la prohibición de la censura, debido a las referencias claras al presente histórico del momento de la España de posguerra (en 1976 se autorizó su puesta en escena, pero Gala se opuso).

Tuve la oportunidad de leerlas todas y de ver representadas algunas e incluso estudié dos de ellas, especialmente, como he indicado.

3.3. Llega la libertad

1975 fue un año clave en la historia reciente de España. Fue un año de "adiós y hola". Francisco Franco, regidor férreo de los destinos del país durante cuarenta años, moría en una cama –hecho no muy frecuente para un dictador– y se iniciaba el cambio del anterior sistema por otro democrático con la instauración de la monarquía en la persona de Juan Carlos I. He aquí la impresión que el suceso le provocó a Gala: "Lo primero que he visto ha sido un pueblo, en el más recto sentido de la palabra también, es decir, 'el conjunto de los habitantes de un lugar'. Un pueblo que hacía los gestos que ha hecho siempre: ponerse en cola, aplaudir, agitar en el aire sus pañuelos por motivos contradictorios, es decir, no perder la esperanza y seguir siendo él mismo... He visto cómo el pueblo despedía a un hombre y recibía a otro. Y he admirado la forma en que lo ha hecho: con sosegado señorío, como un anfitrión bien educado, que emplea, sin pasarse, las maneras precisas. Libremente, muy en dueño de casa, que acompaña a la puerta a quien se va y le alarga la mano sonriendo a quien llega" *(TP,* 413). Tras esa larga temporada, "donde los hombres llevábamos con bozal cuarenta años" (*ChT,* 39)[16] –como Gala le dice a su perro–, empezaba –al menos se esperaba– una nueva situación. Se preparaba, entonces, una nueva jugada con la baraja española. Al respecto, escribía nuestro autor: "Sobre el tapete se va a jugar una partida nueva. (Y ay de nosotros si es que no va a ser nueva o es que no va a jugarse.) Es lógico, por tanto, que estrenemos baraja y se reparta con equidad el juego. Que intervengan los cuatro palos, en el mejor sentido. Y que los bastos no se pongan del lado de las espadas y los oros. Porque no hay que ser en absoluto futurólogo para saber que, a estas alturas, o jugamos todos o se va a hacer puñetas la baraja" *(TP,* 410).

El cambio estaba servido y las esperanzas eran infinitas. Antonio Gala se refugia en un tiempo de silencio para meditar pausadamente sobre lo que en el país estaba ocurriendo. La Ítaca esperada no llegaría, para él y para muchos, a alcanzarse. El cambio, sería "un cambio en calderilla". Y los cinco años sin estrenar una obra –las reposiciones continuaban– iban a dar como resultado una trilogía enraizada profundamente con la realidad de la España del inicio de los años ochenta.

---

[16] *Charlas con Troylo* (Madrid: Espasa-Calpe, 1983). En adelante *ChT.*

Dejemos a Gala y volvamos a mi caso. En 1978 pasé de la Universidad de Valencia a la Universidad Nacional de Educación a Distancia (UNED), por lo que fijé mi residencia en Madrid. Ya no tenía que viajar a la capital de España para asistir a representaciones teatrales importantes, sino que, ya instalado en ella, iba a ver cuántas funciones teatrales podía, por lo que pude asistir –creo– desde entonces a todos los estrenos teatrales de Antonio Gala e, incluso, realicé tanto ediciones de algunas de estas piezas como diversos estudios sobre unas cuántas de ellas, indicados en notas de este estudio. Es entonces, cuando ya me pongo en contacto personal con Gala –otra vía de acceso–, de cuyos resultados, durante tantos años, he disfrutado de sus múltiples deferencias y de su particular amistad. Porque Antonio era muy particular para todo. La segunda vía de mi cercanía personal con el escritor se iniciaba, gracias a su teatro, reforzada por el contacto romano al que me he referido.

Como anteriormente se ha expuesto, tras la muerte de Franco, el dramaturgo escribe la *Trilogía de la libertad*[17], según denominación suya, sobre la que apuntaré algo a continuación.

[17] *Trilogía de la libertad. Petra Regalada, La vieja señorita del Paraíso y El cementerio de los pájaros* (Madrid: Espasa-Calpe, 1983; con estudio preliminar de Carmen Díaz Castañón).

Petra Regalada (1980)[18] –tras cinco años de pausa escénica se estrenaba en el teatro Príncipe de Madrid, el 15 de febrero de 1980, la primera de las obras de la *Trilogía de la libertad*, muy relacionada con la situación política de la transición española de la dictadura franquista a la democracia, en la que Gala postula que nadie que venga de fuera ni de arriba puede liberarnos porque cada uno tiene que ser artífice de su propia liberación– versa, explícitamente, sobre los mecanismos profundos que el poder ejerce sobre el hombre, aunque, implícitamente, esté presente la situación política española tras la muerte de Franco, como muy bien se encargó de enfatizar la puesta en escena de Manuel Collado. Petra, una prostituta recluida en el burdel-celda, está sojuzgada por don Moncho (poder político, trasunto de Franco) y por sus secuaces don Bernabé (poder legal) y Arévalo (poder militar). Conoce al joven Mario (opositor al régimen, trasunto de Felipe González en la puesta en escena), del que espera su liberación. Esperanzas vanas –"Nadie que venga de fuera ni de arriba puede liberarnos. De dentro a fuera, y desde abajo, ha de brotar y crecer la verdadera redención" *(ChT,* 171)–, ya que una vez muerto el dictador, don Moncho, toma las riendas Mario quedando, todo como estaba anteriormente, para terminar éste asesinado por el subnormal Tadeo. La obra contenía un sentido casi profético. El PSOE llegaría al poder dos años después y el

[18] Junto con *Noviembre y un poco de yerba* (Madrid: Cátedra, 1981, págs. 183-254; con edición de Phyllis Zatlin Boring). La obra en *Trilogía de la libertad* (págs. 75-149). También en *Obras escogidas* (págs. 777-851).

cambio, según Gala, se iba a notar poco, como se ha encargado de proclamar en diversas ocasiones y como puso claramente de manifiesto en *Carmen Carmen.*

La vieja señorita del Paraíso (1980)[19], estrenada en el teatro madrileño Reina Victoria, el 7 de octubre de 1980, da cuenta de una historia de tres amores que no cuentan con la aquiescencia social: el de una joven blanca, el de la muchacha (Gracia) con un negro (Ismael); el de dos hombres jóvenes que se quieren (Ramiro y Tobías) y el de la vieja señorita (Adelaida) que, imperturbable, aguarda, desde hace muchos años, la llegada del hombre que le dijo que lo esperara en el café del Paraíso (metáfora de lo utópico). La obra, además, es una diatriba contra la OTAN –con sentido profético también, España entraría en esta organización años después y el propio escritor encabezaría la campaña contra dicha incorporación–. Adelaida, se refugia en el café "El Paraíso", en espera de su amor, pero también se opone a la instalación de una fábrica de armas –trasunto de la OTAN– y resiste allí hasta el final. Tiene la pieza dramática algunas concomitancias con *Petra Regalada,* aunque sus mensajes sean distintos, como nos explica el autor: "Las dos comedias son historias de otoño y sus protagonistas son como contrafiguras la una de la otra. El mundo inventado es el que rodea a Petra y el que rodea a la Señorita. El de ellas es el mundo verdadero, su otoño verdadero. Entre la realidad auténtica y la realidad

---

[19] En *Trilogía de la libertad* (Madrid: Espasa Calpe, págs. 151-231). También en *Obras escogidas* (págs. 853-930).

autoritaria y convenida hay mucha diferencia. Tal es su punto de partida común. Sus desdichados caminos son distintos: el de la que quiere huir, y el de la que quiere quedarse; el de la que sale por fin pisando el umbral de una muerte que no quiso pisar, y el de la que persiste clausurada en su muerte, dentro de los confines de un paraíso de flores de papel. Sin embargo, su destino es el mismo también: es la esperanza" (*PM,* 162).

Trilogía culminada con *El cementerio de los pájaros*[20], estrenada en Bilbao, el 8 de septiembre de 1982, repuesta en el teatro madrileño de La Comedia, el 17 del mencionado mes, con mensaje muy claro: no hay peor casa para el ser humano (= pájaros) que vivir una vida muerta, disecada (= cementerio). La pieza tiene como fondo el intento de golpe de Estado que se produjo en España el 23 de febrero de 1981. Pero su sentido es mucho más amplio y alegórico. Hay una denuncia y una constatación, como señaló Eduardo Haro Tecglen, en la crítica de la pieza teatral, de la tiranía representada por el viejo abuelo –invisible en el escenario–; el conformismo de los dos matrimonios casados sin amor y continuadores del viejo sistema; y la esperanza, representada por los jóvenes, que quieren un orden nuevo más humano y vivificante.

---

[20] Puede verse mi edición, citada anteriormente, de *Los verdes campos del Edén* y *El cementerio de los pájaros* (Barcelona: Plaza & Janés, 1986, págs. 223-320; *Biblioteca Crítica de Autores Españoles*, n.º 52). Edición e Introducción para las dos obras (págs. 15-118) de José Romera Castillo. También en *Trilogía de la libertad* (págs. 233-310) y en *Obras escogidas* (págs. 233-310). Dos textos unidos por un mismo espacio: el de los cementerios (lugares que Gala, junto con los mercados, amaba mucho).

3.4. Otros estrenos

El veredicto[21], obra no estrenada, pero publicada, que constituye una parodia del lenguaje jurídico, con un tono alegórico-esperpéntico.

Samarkanda (1985)[22], obra con un planteamiento homosexual, en la que a través de la historia de dos hermanos que se reencuentran y de una prostituta que les sirve de vínculo de unión, se nos dice que lo importante no es llegar a *Samarkanda* –el paraíso ansiado–, sino estar *yendo*, y que cada uno, a pesar de todo, se busque a sí mismo y encuentre su propio *Samarkanda*–; dos hermanos (Bruno y Diego), que se reencuentran tras un tiempo, y la de la prostituta (Sally), que realiza la función de vínculo entre ellos. Los tres –cada uno a su manera– intentan rebelarse contra la sociedad que los atrapa. Cada uno debe buscar su "Samarkanda", ese lugar mítico y simbólico, en el que imperen la libertad, el amor, la verdad y la justicia.

---

[21] En *Estreno* XI.1 (1985), págs. 6-12 (con introducción de Hazel Cazorla).

[22] Obra editada junto con *El Hotelito* (Madrid: Espasa-Calpe, 1985, págs. 29-103; con edición de Carmen Díaz Castañón). *Vid.* mi estudio, "*Samarkanda*, de Antonio Gala", en Sebastian Neumeister (ed.), *Actas del IX Congreso de la Asociación Internacional de Hispanistas* (Frankfurt am Main: Vervuert Verlag, 1989, vol. II, págs. 363-371). Puede leerse también en http://www.cvc.cervantes.es/obref/aih/pdf/09/aih_09_2_040.pdf [20/03/2024], así como también en mi libro, *Con Antonio Gala* (Madrid: UNED, 1996, págs. 170-183).

El Hotelito (1985)[23] es una alegoría y una humorística sátira de la España de las Autonomías, surgida de la Constitución de 1978. A través de cinco Comunidades Autónomas: Andalucía (encarnada en Rocío), Cataluña (en Montserrat), País Vasco (en Begoña), Galicia (en Carmiña) y Madrid (en Paloma, que representa a las doce restantes), Antonio Gala hace una revisión crítica, con gran ironía y sarcasmo, de la historia de ese *Hotelito* –España– y de la situación de entonces.

Séneca o el beneficio de la duda (1987)[24], plantea una profunda reflexión sobre la ética y el poder, a través del comportamiento un tanto contradictorio de la figura histórica del filósofo cordobés en la Roma imperial. Gala toma al filósofo cordobés, llamado en tiempos de Calígula "Príncipe de la elocuencia" –por lo mucho que habló y escribió–, como eje de la acción para hacer una profunda y dialéctica reflexión sobre la función de la ética moral frente al poder. El escritor explica del siguiente modo lo que se propuso con esta pieza dramática: "Séneca vivió en una época parecida a la nuestra: decadente y en apariencia brillante; de integridades rotas, pero ostentadas aún; la corrupción inundando los últimos rincones; triunfantes el agotamiento y la indiferencia social; perseguidos como único fin, el

---

[23] Obra editada junto con *Samarkanda* (Madrid: Espasa-Calpe, 1985, págs. 105-186; con edición de Carmen Díaz Castañón). *Vid.* mi artículo, "Lo coloquial en *El Hotelito* de Antonio Gala", en A. Montero *et alii* (eds.), *Imago Hispaniae. Homenaje a Manuel Criado de Val* (Kassel: Reichenberger, 1989, págs. 595-625) –incluido en mi libro *Con Antonio Gala* (Madrid: UNED, 1996, págs. 184-217)–.

[24] Madrid: Espasa-Calpe, 1987, págs. 53-150; con prólogos de José María de Areilza y Javier Sádaba.

hedonismo y las satisfacciones individuales; abandonado el sentido colectivo de la responsabilidad; regida por políticos pragmáticos –gato negro o gato blanco: lo importante es que mate ratones [frase pronunciada por Felipe González en su viaje oficial a China]– y saqueadores. El imperio de Roma –hoy dividido en dos– dirimía litigios o los provocaba, con tal de imponerse sin pudor sobre las pequeñas naciones. A César, opresor de las libertades, habían sucedido Augusto, un tirano adulador, y Tiberio, un tirano sombrío, y Calígula, un tirano insensato, y Claudio, un tirano imbécil, y Nerón, un tirano implacable. Ante este panorama, desolador y tétrico, Séneca se plantea la cuestión de participar o de abstenerse. (Las dos escuelas filosóficas más respetadas eran opuestas: Epicuro decía: "No participes en política a menos que te empujen"; Zenón, el estoico decía: "Participa, a menos que te lo impidan".) Séneca, al principio, colaboró como preceptor del príncipe; luego, decidido, como factótum del emperador. Y lo sujetó durante cinco años. Después el poder le echa un descarado pulso a la ética. ¿Quién ganará? Ahí sí que a nadie le cabe la menor duda (o acaso a Séneca): el poder, como el nogal, no deja crecer nada limpio a su sombra... Hay que ensuciarse –no hasta los codos: hasta el alma– las manos". Tras afirmar que Séneca ha sido trucado y utilizado, hasta por la Iglesia católica, como la figura llena de virtud y moral según los dicterios de sus escritos, Gala propone que "para mirar a Séneca en los ojos, era preciso apear del pedestal su estatua, desbrozarla de falsos oropeles, y dejarla caer, si es preciso, de bruces. Hay que enfrentarse y aceptar al hombre con sus contradicciones y sus incoherencias, con su cara y su cruz, con su debe y su haber. ¿Qué pretende, en una corte putrefacta, el virtuoso? ¿Cuándo se convencerá de que el mal gana siempre si se le desafía en su guarida? ¿O es que Séneca aspiró –ambicioso innombrable– a instalar en el trono a los Anneos cordobeses, de los que él era la cabeza; a sustituir al rey-filósofo con el que soñó, por un filósofo-rey que sería él mismo? De todo esto y de algo más se trata, observando la divergencia irreconciliable entre una vida y una obra". Una vida llena de contradicciones que deja en manos de los espectadores y lectores sacar sus personales consecuencias. Ahí está, entonces, *el beneficio de la duda,* y no sólo eso, sino que Gala hereda de Séneca la duda como beneficio: "Lo propio del hombre es dudar sin descanso", como sostiene el protagonista de la obra (*DT,* 240-242)[25].

A todos estos estrenos madrileños asistí, como indicaba, y tratar con Antonio de algunos aspectos tanto temáticos como formales fue para mí una tarea muy productiva en el ámbito de mis estudios teatrales.

3.5. Teatro musical

Gala da un giro a sus producciones teatrales e incursiona en el teatro musical, por lo que, al haberme ocupado de su

---

[25] *Dedicado a Tobías* (Barcelona: Planeta, 1988).

estudio[26] no hago un examen más extenso de cada una de las obras.

Carmen Carmen (1988) –que puede leerse en mi edición[27]– se estrenaba en Madrid, en el Teatro Calderón, el 9 de octubre de 1988, dirigida por José Carlos Plaza e interpretada por Concha Velasco[28], Tito Valverde, Pedro Mari Sánchez, Toni Cantó, Juan Carlos Martín, Natalia Duarte, Paco Morales y Tony Cruz, con música de Juan Cánovas, que obtuvo un gran éxito de público, al permanecer en escena un largo, larguísimo tiempo, más dos años. Obra en la que, a través de Carmen, que lleva el apellido también de Carmen, para que sea más Carmen que nadie, se desmitifica el mito, dándole el significado de la alegría de vivir a la que matan y sacrifican todos los amantes que va teniendo. He aquí cómo Gala presentaba la obra: "Más que ningún otro texto mío, *Carmen Carmen* se entrega ciegamente a la voluntad de sus destinatarios. *Carmen Carmen* –en el fondo,

---

[26] Puede verse mi estudio, "Antonio Gala y la música", en Isabel Martínez Moreno (ed.), *Antonio Gala. Eterno y de cristal* (Sevilla: Junta de Andalucía / Consejería de Cultura / Centro Andaluz de las Letras, 2016, págs. 143-149; Catálogo de la exposición *Autor del año 2016*). Incluido en el capítulo 16, "Teatro y música: el caso de Antonio Gala", de mi libro, *Teatro de ayer y de hoy a escena* (Madrid: Verbum, 2020, págs. 363-389).

[27] Madrid: Espasa-Calpe,1988 (*Colección Austral*, n.º 65). Edición y Prólogo (págs. 9-44) de José Romera Castillo. Puede verse el capítulo que se le dedica en este volumen.

[28] Fallecida recientemente, de nombre verdadero Concepción Velasco Varona, pero conocida como Conchita o Concha Velasco (Valladolid, 1939-Majadahonda, Madrid, 2023).

como su protagonista– será lo que ellos quieran ver en ella: un modo sonriente 'e irrespetuoso de contar y cantar las verdades'; mi homenaje al más divulgado mito español fe menino; la oportunidad para el lucimiento de una actriz tan versátil como profunda; la exposición de la más enconada tragedia de los seres humanos. Porque, nacidos para la felicidad, hemos transformado, a causa de nuestras menudas ambiciones, el mundo, previsto como un valle de gozo, en un valle de lágrimas. Nos mueve, más que el jubiloso cumplimiento de nosotros mismos, el ansia de dinero, de poder, de difusas espiritualidades, de una gloria aún más difusa, o de un incomprensible concepto del honor. Los hombres, desde hace siglos, vienen asesinando su propio destino de alegría. Si a la alegría de vivir se la personificara, cada uno tendríamos más de un cadáver dentro del armario. No otra es la razón de la angustia humana, que teme lo mismo que desea, y mata lo que añorará. José Romera Castillo, catedrático de literatura española, nos aclara en su prólogo las claves de esta obra y la sitúa en el conjunto de la producción de Antonio Gala" (en la contraportada de mi edición).

Gala da otra vuelta de tuerca para adentrarse en el mundo de la ópera con *Cristóbal Colón* –que puede leerse en mi edición[29]–, un libreto en origen, en verso libre, que se estrenó en el

[29] Madrid: Espasa-Calpe, 1990 (*Colección Austral*, n.º 138). Edición y Prólogo (págs. 9-65) de José Romera Castillo. *Vid.* mi trabajo, "Algo más sobre *Cristóbal Colón"*, en mi libro, *Con Antonio Gala* (Madrid: UNED, 1996, págs. 218-226). Además del capítulo que se le dedica en este volumen.

Gran Teatro del Liceo de Barcelona, el 24 de septiembre de 1989, interpretada por Monserrat Caballé (en el papel de Isabel la Católica) y José Carreras (en Cristóbal Colón). La pieza se presenta de este modo: "En *Cristóbal Colón***,** originariamente libreto de una ópera, ofrece Antonio Gala su personal visión del Descubrimiento de América. Siguiendo la tesis de Madariaga, remitifica a Colón como perdedor, como extranjero y como judío converso, destacando, a su vez, dos presencias dramáticas: el viaje, rememorado e idealizado, y el antagonismo existente entre Colón y Pinzón que, injustamente, se ha restado importancia a la labor andaluza en la empresa del Descubrimiento. José Romera Castillo, catedrático de literatura española, recoge en el Prólogo las circunstancias que rodearon el proceso de creación de la obra y su posterior estreno, así como nos proporciona unas esclarecedoras claves para su lectura" (en contraportada de mi edición).

Gala cierra el ciclo del teatro musical[30] con *La Truhana*[31], estrenada en el Teatro Central de la Exposición Universal de Sevilla, el 2 de octubre de 1992, dirigida por Miguel Narros, con música de Juan Cánovas, escenografía de Andrea D'Odorico e interpretada por Concha Velasco (una vez más). La obra, con referencias históricas, es muy crítica y divertida, en donde

---

[30] Dentro de teatro musical conviene tener en cuenta dos obras más: *Spain's strip-tease* (1970) y *¡Suerte, campeón!* (1973), a las que me he referido anteriormente.

[31] Madrid: Espasa Calpe, 1992; con prólogo de Moisés Pérez Coterillo. Un breve vídeo: https://www.youtube.com/watch?v=AFsYPOxjfw4 [20/02/2024].

la figura de una mujer, la cómica María Calderón, *La Calderona*, pretendida por Felipe IV, del que huyó, ejerciendo de bandolera, para evitar convertirse en su cortesana, adquiere un pleno y particular protagonismo. La obra se presenta del modo siguiente: "En La Truhana, comedia musical de temática histórica, evoca Antonio Gala la España de Felipe IV a través de un viaje por el envés del imperio de la mano de una famosa cómica, metida a bandolera por negarse a ser cortesana. Gala se recrea en la intrahistoria, en el mundo de la picaresca y el bandidaje, mezclando con gran maestría ejercicios de caligrafía cervantina, de literatura sentenciosa y refranera con el humor, la ironía, la poesía, el lirismo, la ternura y la fantasía tan característicos de su mejor estilo. Moisés Pérez Coterillo desvela en su prólogo la profunda unidad, la rara coherencia que define toda la obra de Gala y su afán por llegar al espectáculo total, a la integración plena entre palabra y música, entre espacio y escenario" (sinopsis de la obra propuesta por la editorial).

Le siguen, con disminuido éxito, otras obras como *Café cantante* (1997)[32], sobre un encuentro entre *La Talismana* (interpretada por Nati Mistral), una estrella del género del espectáculo ya retirada, y la joven Yeni (Ángeles Martín), una metáfora de lo que fue y es España. La obra –como la define su autor– es "una comedia rabiosamente española. Tan vinculada de raíz a

---

[32] Madrid: Espasa Calpe, 1997; con prólogo de Andrés Peláez Martin.

los veintitantos últimos años de España, que no deja de recordarnos su Historia y sus historias". Sus dos únicos personajes, María y Yeni, simbolizan el encuentro de "una España pasada y pesada, y otra futura y más ligera; pero dudaremos qué personaje representa a cada cual, porque la anécdota que se nos cuenta –lo mismo que la Historia verdadera– tiene vacilaciones y vaivenes". Y continúa Gala: "Es una oscura madeja que se devana y se ordena poco a poco ante nuestros ojos..., un ejercicio de esgrima entre dos maestras", trazado con muy firme pulso por su autor. En *Café cantante* conviven la sátira, el drama y el género negro, en una ponderada mezcla, cuyo resultado final es una comedia desenfrenada, en la que "nada es lo que, a simple vista, parece. Ni siquiera aquello que parece se parece demasiado a lo que trata de parecer". "Escrita con un lenguaje chispeante, trágico a veces, hilarante otras, poético siempre y, en cualquier caso, absolutamente testimonial, *Café cantante* ofrece una sutilísima parábola de los últimos años de vida española" (en la contraportada de la edición).

3.6. Las últimas producciones

Gala, abandona el teatro musical, tras el descenso de sus éxitos, y de la calidad de sus textos, volviendo a los escenarios con *Los bellos durmientes* (1994)[33], estrenada en el teatro

---

[33] Madrid: Espasa Calpe, 1994; con prólogo de Isabel Martínez Moreno (autora de *Antonio Gala, el paraíso perdido*, Madrid: CSIC, 1994).

Coliseum de Santander, el 18 de agosto del mencionado año, bajo la dirección de Miguel Narros, llegando a Madrid el 21 de septiembre dentro del Festival de Otoño de la Comunidad. La obra está dedicada a la juventud sin ideales, con el fin de que les sirva "para no parecerse a nosotros sino lo imprescindible", como indicaba el autor, y versa sobre la historia de Diana, una joven abogada que tiene una existencia acomodada, bajo control, que cuando llega alguien a su vida, le demuestra que en realidad no era así.

Las manzanas del viernes (1999) –de la que puede verse mi edición[34]–, estrenada en el teatro Ayala de Bilbao, el 15 de octubre de 1999, protagonizada de nuevo por Concha Velasco, con dirección de su marido Francisco Marsó, en la que se da cuenta de la historia de amor entre una mujer madura y un hombre joven (al revés de lo que suele suceder). Ella, Orosia Valdés, una ejecutiva con poco más de 50 años, bella, inteligente, rica y triunfadora se remueve al enamorarse de Mauricio Villamil, un joven truhan y cocainómano, hijo de una amiga suya de infancia, convertido en un auténtico *chulo* que quiere vivir a costa de ella. Gala nos presenta una realidad bifronte: Orosia es la amante y Mauricio el amado, por lo que el amor-pasión es, a la vez, constructivo –porque le da vida– y destructivo –porque la deshace también–. "Mi intención –como postulaba su autor–

---

34 Madrid: Espasa Calpe, 1999 (*Colección Austral*, n.º 486). Edición y Prólogo (págs. IX-XXVII) de José Romera Castillo. El volumen fue presentado, junto con Antonio Gala, por Concha Velasco, Andrés Peláez y por mí, en la FNAC de Madrid, el 29 de noviembre de 1999. Puede verse además el capítulo que se le dedica en este volumen.

ha sido contar una historia de amor. El resto es accesorio". El final de la obra –que no indico aquí– es estremecedor como el de otras obras suyas (*Los verdes campos del Edén, Los buenos días perdidos, Petra Regalada*, etc.), aunque al término de la función la sombra de la esperanza ronda por encima, con el fin de que cada uno salve, fuera del escenario y de su vida, lo que no ha podido ser salvado en las tablas. Como el dramaturgo señala en la Nota previa, "la obra es un caleidoscopio, en el que cada espectador verá en ella no tanto lo que se le ofrece cuanto lo que él esté dispuesto a ver", ya que "tomará, si lo toma, uno u otro partido", para finalizar apostillando: "Ojalá que los espectadores se vean –o vean a quienes creen sus semejantes– retratados en ella".

Para terminar con *Inés desabrochada* (2003)[35], estrenada el 17 de julio en el Palacio de Festivales de Santander (Cantabria) y, tras una larga gira por España, en el teatro madrileño de La Latina, con dirección del cineasta Pedro Olea, escenografía de Francisco Nieva e interpretación de Concha Velasco (Inés), como protagonista una vez más, Nati Mistral (una Brígida celestinesca moderna) y Paco Valladares, en la que, a través de una reinterpretación de la Inés del *Tenorio*, de Zorrilla, ya mayor, que vive en un asilo, Gala quiere dar un homenaje a esta figura clásica del teatro español. Como se indica en la sinopsis de la editorial, "*Inés desabrochada* es un texto de difícil catalogación: a años y la Inés del *Don Juan Tenorio* ya es una mujer mayor. Su vivencia en el asilo será la excusa para crear una estructura teatral

---

35 Barcelona: Espasa Libros, 2003 (con prólogo de Andrés Peláez).

perfecta a partir de una de nuestras piezas clave de la literatura clásica española". Pero, a la vez, es una obra que muestra el declive teatral de nuestro querido Antonio Gala. Saber retirarse a tiempo, es muestra de un pertinente saber *hacer*... Y así lo hizo nuestro autor.

3.7. Para terminar...

A Antonio Gala se le ha insertado en la denominada *generación realista* (junto a Lauro Olmo, José Martín Recuerda, Rodríguez Méndez, etc.), pero –como él mismo solía decir–, su pertenencia a este grupo fue más ética que estética, aunque siempre tuvo presente la realidad española (el franquismo, la transición, el intento de golpe de estado, la democracia, etc.), tanto en las obras más *realistas* como en las piezas con referencias *históricas*. Lo que es cierto es que la realidad en las obras teatrales de Gala queda trascendida y el círculo se amplía con el objetivo de alcanzar un radio de acción más humano y general. Al tratar de temas genéricos para los humanos como el amor, la libertad, la rebeldía frente a los sistemas e idearios, la justicia social, la esperanza en un mundo mejor –y tantos otros– el teatro de Gala se convierte en una fuente de reflexión de los grandes temas que preocupan a los seres humanos de su época. La técnica utilizada para mostrar la realidad y la incitación a tomar partido se basa, en general, en una serie de dicotomías: amor / desamor; esperanza / desencanto; libertad / represión; soledad / (in)comunicación, etc.

Como he escrito en otro lugar, la dramaturgia de Antonio Gala constituye un todo coherente tanto por su temática, que circula siempre por una doble vía: la de la justicia y la esperanza, como por su organización estructural: "Yo he escrito siempre –indica el escritor– la misma obra, con los mismos ingredientes: un escenario oprimente, extrañamente oscuro, alguien que ha perdido la libertad, un factor desencadenante y las situaciones que a continuación se producen. Y luego se construye sobre dos rieles, que son la justicia, esa justicia absoluta que debe permitir a todos los hombres que se cumplan; y la esperanza, que muchas veces no está en mi obra pero que salpica al espectador y le recomienda que salve en la vida lo que en el escenario no ha podido ser salvado"[36].

Es preciso indicar que Antonio Gala –al igual que Lorca, otro homosexual destacado, por ejemplo– se mete en la piel femenina de un modo certero y profundo, dando como resultado unas historias muy destacadas (en su teatro y en sus novelas), donde las mujeres como protagonistas generan granados frutos en su trayectoria literaria. Además, por otra parte, Gala siempre sostuvo que, en el teatro español, desde el Siglo de Oro (con la Calderona, la Baltasara) hasta nuestros días, el elenco de primeras actrices ha sido mayor y mejor que el de los primeros actores. De ahí, que se sintiera muy cómodo trabajando,

---

[36] Según declaraciones a Maruja Torres, en *El País*, 8 de septiembre (1982), pág. 27. Aunque la *receta* la ha expuesto Gala en numerosos escritos.

por ejemplo, con Amelia de la Torre, Mary Carrillo, Julia e Irene Gutiérrez Caba, María Asquerino, Encarna Paso y, muy especialmente, con Concha Velasco.

Antonio Gala no es un hombre de teatro –como le gusta decir a él–, sino un escritor que escribe teatro (como indicará luego en el apartado 4 de este trabajo). Un escritor que fragua un texto literario que servirá de pretexto luego para el montaje espectacular en el que intervendrán otros creadores. Estamos ante un teatro de la palabra (escasamente experimental o vanguardista), que –como decía– "se hincha de la realidad de alrededor y luego se exprime como una esponja sobre el papel", mira a su alrededor, cuenta lo que ve, con el fin de ir "a lo auténticamente íntimo del corazón del hombre, que es lo que no cambia" para ayudar siempre a sus receptores. Pero siempre en sus textos hay un cuidado lenguaje "poético" (no de una poesía de poema, sino de una poesía subyacente: todos los grandes dramaturgos han sido poetas), muy bien adaptado a la realidad de cada personaje. Su gran facilidad y brillantez verbal hacen que Gala haya sabido escribir un buen teatro. Y realzo: escribir…

Estamos, por lo tanto, ante un teatro pleno de interés con sus luces y sus sombras, pero que, en suma, constituye un referente muy significativo en la trayectoria del teatro en España. Su nombre, junto al de Antonio Buero Vallejo, Alfonso Sastre, Francisco Nieva o Fernando Arrabal –por poner unos pocos botones de muestra–, debe ocupar un destacado lugar en la dramaturgia española de la segunda mitad del siglo XX[37].

4. UN TEXTO DE ANTONIO GALA POCO (O NO) CONOCIDO

La tercera tesela de mi cercanía a Antonio Gala procede de mis numerosos estudios sobre su vida y su obra. Además de los estudios indicados anteriormente en notas, quisiera referirme, ante todo, al volumen que le dediqué, *Con Antonio Gala (Estudios sobre su obra)*[38], en el que examino su trayectoria literaria y teatral, sus obras en general, con algunos estudios sobre diferentes piezas, así como otros aspectos relacionados con su quehacer.

---

[37] Puede verse mi aportación, "El teatro: Antonio Gala", en Francisco Rico (ed.), Santos Sanz Villanueva y otros (coords.), *Historia y crítica de la literatura española, Época contemporánea: 1939-1975* (Barcelona: Crítica, 1999, Primer suplemento 8/1, págs. 675-678). Texto tomado de "Características del teatro de Antonio Gala", perteneciente a la Introducción de mi edición de *Los verdes campos del Edén. El cementerio de los pájaros* (Barcelona: Plaza & Janés, 1986, págs. 43-47). Puede verse además mi trabajo, "Francia en el teatro de Antonio Gala", en Francisco Lafarga (ed.), *Imágenes de Francia en las letras hispánicas* (Barcelona: PPU, 1989, págs. 191-198). Disponible en https://www.cervantes-virtual.com/obra/francia-en-el-teatro-de-antonio-gala-0/ [20/02/2024] e incluido en mi libro *Con Antonio Gala* (Madrid: UNED, 1996, págs. 229-238).

[38] Madrid. UNED, 1996. Una presentación en vídeo puede verse en https://canal.uned.es/video/5a6f5bb5b1111f8f798b456f y https://canal.uned.es/ mmobj/index/id/26374 [20/02/2024].

Pero, lo más interesante, creo, es que, como "Pórtico" (págs. 7-9), aparece un texto escrito expresamente para este volumen por Antonio Gala, que debe figurar entre sus escritos teóricos sobre su concepción y función del escritor en el ámbito literario, y que no ha sido tenido en cuenta, en general, por la crítica, por lo que considero pertinente traerlo de nuevo a colación. Aunque algunas de estas ideas las haya reiterado en otros lugares, por estar el volumen fuera de librerías, copio el texto en su integridad:

¿Qué escribir ante estos estudios de José Romera Castillo que tienen por título Con Antonio Gala*? De algún modo tendré que estar presente. Quizá lo mejor sea decir qué entiendo yo por escribir. Yo, que no he conseguido ser más que escritor, lo sé muy bien. Me gustaría que los críticos –o los que hacen de críticos– lo supieran con la misma certeza. Pero no voy a perder ni un solo minuto en convencerlos.*

Y es que el escritor, como cualquier otro operario, padece deformaciones profesionales. Él sabe que su oficio va casi contra la naturaleza, si es que hay algo humano que vaya. Sabe que lo natural es hablar, no escribir. Sabe que escribir tiene escasa importancia comparado con otras ansiedades. Sabe que eso que se llama, con tanta desmesura, crear, no es más que un acto de moderación. Porque la vida es un exceso que sólo en el exceso puede existir de veras. Sin embargo, el escritor, infortunado, ha de escribir sobre la vida: cantar lo que apenas si alcanza a balbucir. Y en ocasiones, huye de la vida para verla mejor, para poner entre ella y él la fría perspectiva, para que los árboles no le impidan ver el bosque. (Precisamente el periodismo es lo contrario de esto: su urgencia acucia y pone en vigor una serie de posibilidades que, sin urgencia, no se nos mostrarían: la rapidez del relato, la síntesis, la facilidad, la sinopsis, la escasa y contundente adjetivación: todo lo que mejora el estilo de una forma magnífica. El periodista entra a saco en la vida; pero testificar, siempre acaba por cansarnos: vivir es meterse en la lucha, dejarse arrebatar por la lucha, no consultarla.) El escritor sabe que serlo es menos admirable que otra cosa cualquiera, y sabe que lo suyo no es una vocación sino un destino: a él se le trajo al mundo para escribir. No para que además le guste escribir. Y tiene la obligación de hacerlo, y hacerlo bien; pero no la de estar orgulloso ni alegre para hacerlo. Sucede como si de continuo una voz le dijera: "Sigue tu camino, deprisa; si no, no llegarás". "Pero ¿adónde debo llegar y cuál es mi camino?". "Tú, sigue, sigue…". Y sigue como un caballo que ha perdido a quien lo montaba y, no obstante, persiste participando en ya no le importa qué carrera. Se refugia en la vieja leyenda exculpatoria: "Dónde vas?", le preguntaron a Itzig, el jinete. "No lo sé –respondió–. Preguntádselo a mi caballo". El escritor sabe –Flaubert lo supo– que la palabra, su único instrumento, acaba por ser sólo un caldero rajado sobre el que tocamos musiquillas para que baile un oso, cuando lo que querríamos es enternecer a las constelaciones. Y el escritor sabe que, como tal, no recibió otro don, otro hijo, otro amor, otra riqueza que la palabra. Y la palabra –también lo sabe– es flatus vocis*: aire, no más que aire; pero él es su palabra y nada más:* vox et praetera nihil. *Debe decirla. Debe ser imparcial: decirla y romperse después. ¿Puede extrañar, por tanto, que al escritor lo atribulen sus deformaciones profesionales? ¿Puede extrañar que se apoye, quien no encuentra otro apoyo, pesadamente en sus palabras?*

El escritor es siempre un marginado. Los otros corren tras metas previsibles, encaran dificultades superables, se recompensan con resultados más o menos próximos. El escritor no sabe dónde va ni qué busca: eso parece, al menos. Lo marginan, o se margina él: no le gusta la clase en que nació, ni su mundo, ni su época, ni su nombre a veces, ni la triste profesión que lo alimenta. Lo cambiaría todo si pudiera; porque, si pudiera, se cambiaría él. Pero la literatura, para él, es como el aire: contaminado o no, precisa respirarlo. Tal es la prueba definitiva de que uno es escritor: moriría –en cierta forma, pero moriría– si escribir no le fuese posible. La literatura es su forma de amar, de conocer, de acariciar, de aprender. No es un refugio frente a nada. Ver la vida literariamente no es cegarse a ella, sino verla más clara. El escritor no vive para contar: cuenta para vivir más y, de rechazo, contagiar más vida a los que leen. Escribir no consuela nada, no cura, sino reabre las heridas. Es una llaga nueva por la que, como por un ojo, se ha de ver todo de nuevo. Y si alguien hubiese aprendido a escribir a la perfección, todo estaría aún por empezar: entonces debería aprender qué decir. "Ya tienes el envase, llénalo". Se trata de un oficio que, por sí mismo, salvo pare el escritor, es inútil, pero que es previo a todo. Y, sin embargo, paradójicamente, una literatura que no sirva para la vida, ni siquiera será literatura: no será nada, nada: la vida tiene siempre razón. No es sagrado lo que separa a los hombres ni lo que destruye el fervoroso goce de vivir. Pero para algunos seres arte y vida son dos nombres sagrados de la misma ansiedad y el mismo júbilo. Aunque la literatura les duela sin remedio en el mismísimo centro de los huesos.

Antonio Gala [1996]

5. PROVECHO DE LA AMISTAD

Asimismo, producto de la amistad, he presentado en diversos congresos nacionales e internacionales diversas propuestas, posteriormente publicadas (como he reseñado en notas): "*Rosalía de Castro* (una figura en su paisaje) de Antonio Gala", en el *Congreso Internacional sobre Rosalía de Castro e o seu tempo* (Santiago de Compostela, 15-20 de julio de 1985); "Rasgos andaluces en la lengua literaria de Antonio Gala", en el *XV Simposio de la Sociedad Española de Lingüística* (Córdoba, 16-20 de diciembre de 1985); "Referencias sobre Iberoamérica en la obra periodística de Antonio Gala", en el *II Congreso Internacional sobre el Español de América* (Ciudad de México, 27-31 de enero de 1986); "*Samarkanda*, de Antonio Gala", en *IX Congreso de la Asociación Internacional de Hispanistas* (Berlín, Alemania, 18-23 de agosto de 1986); "Lo coloquial en *El Hotelito*, de Antonio Gala", en el *Simposio-Homenaje a Manuel Criado de Val: Historia, Lengua, Teatro y Fisonomía del Español* (Pastrana, Guadalajara, 7-10 de julio de 1987); "Francia en el teatro de Antonio Gala", en el *Coloquio sobre Imágenes de Francia en las Letras Hispánicas* (Barcelona, 15-18 de noviembre de 1987); "San Juan de la Cruz y Antonio Gala", en el *Congreso Internacional sobre San Juan de la Cruz y San Ignacio de Loyola (Dos polos hispánicos)* (Pastrana, Guadalajara, 2-7 de julio de 1990); "Transcribir, inventar, descubrir mundos: *Cristóbal Colón*, de Antonio Gala", en el *IV Simposio Internacional de la Asociación Española de Semiótica* (Sevilla, 3-5 de diciembre de 1990); "*Cristóbal Colón*, de Antonio Gala" y Coordinador de la mesa redonda "El tema de América en el teatro", en el *Congreso Internacional Teatro y América*, organizado por la Universidad de Alcalá de Henares-Instituto Europeo de Investigación Teatral (Madrid, 22-26 de junio de 1992); "El mito en el teatro de Antonio Gala", en las *Xornadas de Mitocrítica: O mito do teatro* (La Coruña, 24 de abril de 1996) y "Sobre el buen humor (en el teatro) de Antonio Gala", en el *V Congreso Internacional de Historia y Crítica del Teatro de Comedias: El teatro de humor en el último tercio del siglo XX*, en el "Homenaje a Antonio Gala", con la presencia del autor (El Puerto de Santa María, Cádiz, 11-13 de abril de 2002)[39].

Pero quisiera resaltar, especialmente, mis participaciones en los tres congresos organizados por la Universidad de Córdoba y la Fundación Antonio Gala para jóvenes creadores (una entidad importantísima en la formación artística de ellos): "Historicidad en el teatro de Antonio Gala", en el I Congreso Internacional *Antonio Gala y el arte de la palabra* (Córdoba, 3-5 de marzo de 2008); "El teatro de Antonio Gala y la música", en el *II Congreso Internacional Antonio Gala: De la palabra al arte* (Córdoba, 11-13 de marzo de 2015) y "Ahora hablaré... de Antonio Gala: unas memorias caleidoscópicas", en el *III Congreso internacional "El arte de la comunicación"*, dentro de la *Semana de Gala* (Córdoba, 15-16 de noviembre de 2018).

Además, de mi intervención, "Antonio Gala: un escritor por destino, famoso y discutido", en la presentación del

---

39 Algunos resultados de estas conferencias pueden verse en el apartado IV, "Otros aspectos", de mi libro, *Con Antonio Gala* (Madrid: UNED, 1996, págs. 227-328).

volumen de las actas de los dos últimos congresos mencionados, que tuvo lugar en la Facultad de Filosofía y Letras, de la Universidad de Córdoba (Córdoba, 26 de noviembre de 2021): https://www.diario-cordoba.com/cultura/2021/11/26/libro-ana-padilla-destaca-capacidad-60011210.html [20/10/2023].

Asimismo, intervine en el Congreso *La historia de España en la obra de Antonio Gala,* con la conferencia, "Sobre el teatro histórico de Antonio Gala: *Anillos para una dama* y *Las cítaras colgadas de los árboles*", organizado por la Fundación José Manuel Lara y la Fundación Antonio Gala (Córdoba, 21-22 de abril de 2010)[40].

Un rico plantel generado por el interés de sus obras y por mi adicción a ellas en variados aspectos, en ocasiones discordantes.

6. UN ESCRITOR PROLÍFICO POR DESTINO, FAMOSO Y DISCUTIDO[41]

Quisiera, a continuación, detenerme en cuatro aspectos que configuran un (in)completo retrato del escritor-amigo que estoy evocando[42].

---

[40] Pueden verse las más de cien entradas en las que el nombre de Antonio Gala aparece en mi *curriculum vitae* (-CV_extenso_Jose_Romera.pdf (uned.es) [20/02/2024]).

[41] Recojo en este apartado mi intervención -con algunos añadidos- en la presentación del libro de Ana Padilla Mangas (ed.), *Antonio Gala: De la palabra al arte y el arte de la comunicación* (Córdoba: Editorial Universidad de Córdoba, 2021), el día 26 de noviembre de 2021.

6.1. Autor prolífico

Antonio Gala, como es bien sabido, ha sido uno de los escritores más prolíficos de la literatura y el teatro españoles de mediados del siglo XX e inicios del XXI, al cultivar numerosos géneros[43].

Poeta, inicialmente, de vocación –su verdadero *fatum*–, con poemarios como *Enemigo íntimo* (1959) –accésit del Premio Adonáis–, *La deshora* (1962), *Meditación de Queronea* (1965), *Sonetos de La Zubia* (1981), *Testamento andaluz* (1985), *Poemas cordobeses* (1994), *Poemas de amor* (1997) –el libro más vendido en la Feria del Libro de Madrid–, *El poema de Tobías desangelado* (2005) y *Poemas de lo irremediable* –que Planeta editó en noviembre de 2023 y "que ahora ven la luz a modo de homenaje póstumo a los grandes temas que siempre tuvo presentes en su literatura: el amor, el cuerpo, el placer y la muerte", según la sinopsis de la editorial–. Marca poética de estilo que dejará en todos sus textos.

---

[42] Un breve extracto de lo que sigue a continuación lo publiqué con motivo de su fallecimiento, "Antonio Gala: escritor por destino, famoso y discutido", en *Ideal. Diario Regional de Andalucía* (Granada), el 30 de mayo (2023), pág. 51 -que puede leerse en el *Boletín de la Academia de Buenas Letras de Granada*, n.º 20 (enero-junio de 2023), pág. 246: https://academiadebuenasletrasdegranada.org/wp-content/uploads/2023/07/Boleti%CC%81n-nu%CC%81mero-20-enero-junio-2023.pdf [20/02/2024]-.

[43] La relación de obras de cada uno de los géneros practicados por Gala no es exhaustiva.

Novelista de relumbre –las ediciones de sus textos se multiplicaron sin cesar– como *El manuscrito carmesí* (1990) –ganadora del Premio Planeta–, *La pasión turca* (1993) –llevada al cine por Vicente Aranda en 1994–, *Más allá del jardín. Una mujer en busca de sí misma* (1995), *La regla de tres* (1996), *Las afueras de Dios* (1999), *El imposible olvido* (2001), *El pedestal de las estatuas* (2007) y *Los papeles de agua* (2008). Así como los libros de relatos, *El corazón tardío* (1998), *Los invitados al jardín* (2002), *El dueño de la herida* (2003), etc.

En sus creaciones figuran otros libros más de tipo ensayístico como –por citar algunos– *Córdoba para vivir* (1965), *Granada de los Nazaríes* (1994), etc. Así como se han realizado antologías de sus textos como *El águila bicéfala. Textos de amor* (1993), *Córdoba de Gala* (1993), *Andaluz* (1994), *El don de la palabra* (1996), *Reflejos de una vida* (2004), etc.

Su amplia labor periodística[44] se ha recogido en volúmenes como *Texto y pretexto* (1976), *Charlas con Troylo* (1983), *En propia mano* (1985), *Cuaderno de la Dama de Otoño* (1983), *Dedicado a Tobías* (1988), *La soledad sonora* (1991), *Proas y troneras* (1993), *A quien conmigo va* (1995), *Carta a los herederos* (1995), *Troneras* (1996), *La casa sosegada* (1998), etc.

[44] Puede verse mi artículo, "Referencias sobre Iberoamérica en la obra periodística de Antonio Gala", en José G. Moreno (ed.), *Actas del II Congreso Internacional sobre el español de América* (México: UNAM-Facultad de Filosofía y Letras, 1986, págs. 669-678) -incluido en mi libro *Con Antonio Gala* (Madrid: UNED, 1996, págs. 281-299)-.

Gala fue un destacado guionista. Muy especialmente para varias series de televisión –lo que contribuyó a aumentar su popularidad– como *…Y al final, esperanza* (1967), *Si las piedras hablaran* (1972), *Cantar de Santiago para todos* (1974), *4 conmemoraciones: Eterno Tuy, Auto del santo Reino, Oratorio de Fuenterrabía y Retablo de Santa Teresa* (1976), la famosísima *Paisaje con figuras* (1985, 2 vols.)[45] y otras más[46]. Además, escribió guiones con el fin de adaptar una serie de obras para el teatro y el cine....

Gala, dejó unos retazos autobiográficos en *Ahora hablaré de mí* (2000), que he tenido la oportunidad de estudiar[47].

Antonio Gala, además de recibir numerosos premios y galardones, es uno de los autores más populares de la literatura

---

45 He estudiado alguna de las figuras de la serie: "*Rosalía de Castro* (una figura en su paisaje) de Antonio Gala", en *Actas do Congreso Internacional de Estudios sobre Rosalía de Castro e o seu tempo* (Santiago de Compostela: Consello da Cultura Galega / Universidade de Santiago de Compostela, 1986, vol. III, págs. 317-325) –incluido en mi libro *Con Antonio Gala,* ya citado, págs. 239-252 (que puede leerse en http://www.poesiagalega.org/uploads/media/romera_castillo_1986_rosalia.pdf [20/02/2024])–; "Antonio Machado y Antonio Gala", en *Boletín de la Academia Puertorriqueña de la Lengua Española* XIV. 2 (1986), págs. 151-168 -incluido en mi libro *Con Antonio Gala*, Madrid: UNED, 1996, págs. 253-272)–.

46 *Vid.* de Jesús Quintero, *Trece noches. Conversaciones con Antonio Gala* (Barcelona: Planeta, 1999).

47 En "Ahora hablaré … de Antonio Gala: unas memorias caleidoscópicas", en Ana Padilla Mangas (ed.), *Antonio Gala. De la palabra al arte y el arte de la comunicación* (Córdoba: Editorial de la Universidad de Córdoba, 2021, págs. 273-289). Una buena biografía es la de José Infante, *Antonio Gala, un hombre aparte* (Madrid: Espasa-Calpe, 1994).

española actual. Algunas de sus obras han sido traducidas a varias lenguas y se han puesto en escena en diversas partes del mundo.

6.2. Un escritor por destino

Iniciaré este apartado con una pregunta que me hago –y hago–, a la que seguirán posteriormente otras, que es la siguiente: ¿Antonio Gala es un escritor o una entelequia inventada? Y la respuesta es de una *simplicidad* aplastante. Para los círculos oficiales, Gala *no* lo era, ya que en el *Catálogo de Escritores Españoles* que preparó el Ministerio de Cultura para la Feria del Libro de Frankfurt, hace unos años, fue excluido junto con los autores teatrales. No se podía haber hecho mejor diana ¿verdad? El descuido –que no ¿o sí? creo– o –para pensar mejor– la posible *agudeza* de algún asesor –de los que tanto pululan alrededor del poder–, alertado por alguna nueva corriente crítica, determinó que el teatro, en su globalidad, no pertenece al ámbito de la literatura, sino que constituye un área diferenciada, hizo desaparecer de la nómina de escritores el nombre de nuestro autor. Visión en *turbio*, en puridad y juicio, ya que los autores que escriben teatro –los productores de los textos escritos– sí pertenecen de lleno a la historia de la literatura y, además, Gala ha cultivado, como se ha visto, diversos géneros de este ámbito. Pero, sin duda, Antonio no era muy adicto a la política ministerial.

En fin, pese a esta circunstancia, si Antonio Gala, por decreto y por escrito, *no* era un escritor español, tampoco lo iba a ser por su propio deseo (hecho mucho más importante). El dramaturgo ha distinguido dos tipos de escritores: los de vocación y los de destino. Él nunca quiso ser escritor –suele decir, no sé con qué fundamento–, sino que el *destino* lo llevó a la escritura. Al respecto, cuenta una anécdota de su tierna infancia. Cuando tenía seis años, un fin de semana fue castigado por sus padres a no salir de casa, por haber hecho alguna fechoría, lo que aprovechó para escribir un pequeño relato sobre un gato; relato, que, al ser visto por su padre, fue la causa del levantamiento del castigo, ante lo cual el niño tuvo conciencia de que la literatura servía para algo. Por lo tanto, en principio, a Antonio Gala no le gustaba tener el oficio *modesto* y *molesto* de escritor –como el mismo afirma–, pero el destino lo encaminó hacia él. Ahí, creo, que está el fundamento de todo: al no empeñarse, a trancas y barrancas, en ser escritor (por vocación), sino que el *fatum* lo llevó a la escritura y le dio, mágica y caprichosamente, el *arte* que sin duda alguna posee, realimentado, luego, con un laborioso y continuado trabajo –y mucho, muchísimo–, digno del mayor encomio, por lo que, sin duda, Antonio Gala ha conseguido *ser* un autor literario destacado. De ello también el escritor da buena cuenta en el texto que he reproducido en un apartado anterior.

6.3. Un escritor famoso

La segunda pregunta que me hago –y hago– es la siguiente: ¿A qué debe Antonio Gala su fama? Nuestro escritor es un hombre *público* –adjetivo que no encaja a ciertos oídos moralistas si se aplica a la mujer–, un personaje célebre. Este aserto, no decretado por escrito, es fácilmente constatable si se le acompañaba por cualquier calle de cualquier espacio geográfico: de inmediato era conocido y reconocido por gentes de diversa condición social.

¿A qué puede deberse el hecho? Desde luego, los escritores, por su trabajo, es decir, por sus libros, en un país en el que la lectura, en general, brilla por su ausencia, no suelen llegar al cénit de la fama por esta vía. La fama se suele adquirir en España por otros conductos: el fútbol, los deportes, la política, el canto, el toreo y otros avatares públicos. El caso de Antonio Gala es peculiar. Es cierto que como escritor ha logrado tener una pléyade de lectores, pero su fama –su gran popularidad– no le venía de la pluma, exclusivamente, sino que ésta le llegó e incrementó, además, por otras circunstancias. Si las gentes que lo habían leído eran muchas –para los lectores existentes–; las que lo habían visto y oído, eran ingentes. La televisión –verdadero cajón y no de sastre que canoniza cuanto expone–, en primer lugar, fue uno de los puntales básicos de la consagración pública tanto por las series escritas por Gala (*Si las piedras hablaran*, *Paisaje con figuras*, entre las más conocidas) como por sus múltiples apariciones en la pequeña pantalla. Los artículos publicados en los periódicos, luego reunidos en libros –*Texto y Pretexto*, *Charlas con Troylo*, *En propia mano*, *Cuaderno de la Dama de Otoño*, *Dedicado a Tobías*, *La soledad sonora*, *A quien conmigo va,* etc.–, le granjearon también un amplio séquito de público. Además de sus intervenciones en la radio, su presencia viva en la vida del país, etc., gracias al poder que los medios de comunicación tienen en la sociedad de entonces y de hoy, lo encumbraron al podio de la fama.

Como anunciaba, traeré a colación dos casos anecdóticos. En efecto, en el coloquio internacional organizado en el Instituto Español de Cultura de Roma, en 1983, donde se inició mi relación personal con Antonio Gala, fuimos a visitar los Museos vaticanos con tamaña coincidencia que hacía lo mismo un enjambre de escolares españoles, en viaje de estudios, que nada más ver al escritor, olvidaron para lo que estaban allí con un griterío tal ("don Antonio, don Antonio, un autógrafo, un autógrafo…!"), que, con el enfado también de los guardias, tuvimos que salir disparados del museo. De allí, a continuación, nos fuimos a un restaurante típico italiano y cuál fue la sorpresa que nada más entrar, el dueño reconoció a Antonio, porque lo había visto muchas veces en la televisión, en sus vacaciones veraniegas en España, según nos dijo, invitándonos a una copa con aperitivo incluido. Dos casos que, sin duda, ponen de manifiesto lo famoso que era el personaje. Hecho que se incrementaba en cualquier lugar de España…

Pero algo debía de tener el personaje para que ello sucediera: su fina inteligencia, su dialéctica penetrante, su sensibilidad a flor de piel, su bello y atractivo decir, en suma, contribuyeron, fundamentalmente, a ello. Un fenómeno digno de ser estudiado por los sociólogos y por los historiadores de la literatura.

Pero querer ver solamente estos aspectos sería quedarse corto. En efecto, es cierto que dichos factores han contribuido enormemente a dilatar su fama, pero también lo es que su labor como autor dramático –y cultivador de otros géneros literarios– hay que añadirla a ese suma y sigue de hechos y razones.

En esta realidad es difícil sopesar, con exactitud, cuánto debe la obra dramática –o literaria, en general– al éxito del personaje público y qué ingredientes de lo artístico se imbricaban en la fama de nuestro autor. Algo debe haber de ambas cosas. Lo que a mí me parece –y lo pongo a la consideración de todos– es que el hecho de ser escritor haya sido el punto de inicio del proceso; luego, esta notoriedad pública ha incidido, asimismo y también en alguna/mucha medida, en el éxito de público de su persona y de su escritura que tuvo en su tiempo.

6.4. Un escritor discutido

La tercera –y última– pregunta que me formulo –y hago– es la que sigue: ¿por qué el teatro de Antonio Gala obtuvo tanto éxito del gran público y sin embargo en otros ámbitos como el de la crítica fue discutido y, en general, no muy aceptado? Intentemos esbozar algunas posibles hipótesis.

Confirmada la cuantiosa recepción del teatro y de la novelística, sobre todo, de Antonio Gala por un ingente número de seguidores –basta echar una ojeada en general al tiempo que permanecían en cartelera sus obras, al número de asistentes a las representaciones o al número de ejemplares vendidos de sus novelas o de sus poemarios–, creo que el hecho puede ser debido a dos razones fundamentales: de un lado, el claro propósito del dramaturgo de "escribir para la gran mayoría" –con todo lo que ello implica–, y de otro, ese fenómeno social que antes apuntábamos; si nos vamos a la otra vertiente, la de la minoría llamada intelectual –inmensa minoría (en el pleno sentido del sintagma)– las aguas discurren por otro cauce. Dividiré este ámbito en dos esferas diferenciadas: la de la crítica y la de los ámbitos universitarios.

Por lo que respecta a la primera, es decir, a la crítica –de la que el autor se ha quejado con insistencia: "no estoy seguro de que los críticos me entiendan"–, generalmente, aparecidas en los periódicos y revistas a raíz del estreno de sus obras o la publicación de sus relatos, podemos decir que hay de todo como en botica. En general, por lo que respecta a su teatro, los críticos llamados –ayer– comprometidos, muy ligados al *compromiso histórico* –hoy ya superado para otros– y los de una derecha recalcitrante –en esto como en tantos otros aspectos los extremos se vinculan– no recibieron muy bien el teatro de Gala, por dos razones –creo– muy sencillas: de una parte, obcecados por anteojeras ideológicas –distintas pero no tan distantes en el modo de proceder– arremetieron, con mayor o menor fiereza, contra el contenido libérrimo –por ello, utópico– que toda la obra dramática galista destila. (Algo parecido –aunque cualquier comparación sea odiosa– sucedió con el teatro de otro dramaturgo *anarcoide* –si se me permite la expresión–, Fernando Arrabal, de gran éxito internacional y de un eco no tan grande entre nosotros.) Y de otra, los círculos de la llamada *intelectualidad*, al ser un teatro popular –quiero decir– para una gran mayoría, vieron con recelo el hecho, ya que lo valioso –artísticamente hablando y según sus dicterios– tenía que tener unas claves complicadas y artificiosas, destinadas a ser degustadas por unos pocos, por la élite de la tribu.

Por lo que respecta al mundo universitario –el que mejor conozco– puedo afirmar con cierta contundencia que el teatro de Antonio Gala, en general, no tuvo un excelente cartel, en sus inicios, como todo el teatro de la época, aunque las cosas fueron cambiado un tanto (aunque no mucho). Varias son las causas que, siempre desde mi punto de vista –discutible siempre–, explicarían el hecho.

Es cierto, en primer lugar, que la Universidad española, en general y hasta no hace mucho tiempo, ha tenido un cierto recelo a estudiar y explicar la literatura y el teatro últimos. Los programas de la historia de la literatura española terminaban –hasta no hace mucho– en la llamada generación del 27 o un poco después de la guerra civil. Poco a poco se fue abriendo y el panorama y la literatura de posguerra fue entrando en los programas. También es cierto que algunos francotiradores –cada vez más numerosos, entre los que me cuento– intentábamos explicar la literatura más coetánea por nuestra cuenta y riesgo. Pero el recelo hacia la literatura última existió y, en cierto modo, todavía persiste, aunque en menor cuantía.

En segundo lugar, hay que destacar que, paralelo a este desinterés de la Universidad, hay otro hecho de mayor calado: los manuales de historia del teatro español de mediados del siglo XX y años siguientes –y no cito nombres conscientemente– no dedicaban a la dramaturgia de Antonio Gala la atención y el espacio merecidos, frente al teatro de Buero Vallejo o Alfonso Sastre, por poner solamente dos ejemplos. Hecho que ha ido cambiando también.

Finalmente, señalaré otro hecho curioso: hasta los años ochenta –más o menos: las fronteras en esto como en otros aspectos son borrosas– el teatro de Gala tuvo como espectadores a ciertos círculos universitarios. Pero después, no eran muy abundantes los profesores –el círculo se podría ampliar a otras profesiones universitarias o liberales– que iban a ver una representación de Gala. No estaba muy bien visto, *intelectualmente* (?) hablando. En general –y muy mayoritariamente– esgrimían varias razones al asimilar el teatro de nuestro autor a un teatro muy popular y –¡claro!–, la élite no está para mezclarse. Tanto por las *historias* que en él se contaban como por las técnicas dramáticas y lenguaje empleados, por lo que esta dramaturgia no concitaba mucho interés. Además, su teatro se consideraba para algunos como un teatro para señoras. Y así se ofrecían otras variadas razones no muy certeras, por otra parte.

Ante lo cual, me atreví a hacer un diagnóstico y una pregunta. Si el hecho ocurría –como por mí, al menos, no sé si acertada o equivocadamente, había detectado– la razón habría que buscarla en las dos partes. De un lado, pienso que la obra de Antonio Gala, en general, no era leída –o vista– con la atención que merecía, ya que presentaba unas variadas capas de lectura, desde la más superficial a la más profunda, en las que cada uno podía instalarse; y, de otro, pienso también que no todas las obras de nuestro autor –como las de cualquier otro– tienen la valía artística deseable. Hasta su entrada en el ámbito novelístico, su dramaturgia creo que es la de mayor interés, decayendo notablemente en sus últimas creaciones, como en alguna ocasión le indiqué (hecho que no le gustaba mucho).

Pero como apuntaba anteriormente, en el mundo docente universitario se iba produciendo un cambio, lento pero seguro, como se puede constatar objetivamente. Una prueba evidente de esta entrada oficial del teatro de Gala en la Universidad, por ejemplo, son los distintos cursos de verano en 1992 –los de la Universidad Complutense, en El Escorial; la Universidad Nacional de Educación a Distancia, bajo mi dirección, en Denia, dentro de los Cursos de verano de la UNED, del 20-25 de julio; etc.–.

Pero, además, de estas actividades docentes, son varios los investigadores, tanto españoles como extranjeros, que han dedicado diferentes y rigurosas investigaciones y ediciones críticas a la obra del dramaturgo (entre las que figura, por citar solamente alguna, muy importante, Phyllis Zatlin Boring); así como se han defendido diversas tesis de doctorado sobre ella. Por ejemplo –por poner uno y muy actual–, la francesa Françoise Dubosquet, que inició sus estudios sobre nuestro autor, y centró su lección magistral para la cátedra de literatura española en la Universidad de Reims –en cuyo tribunal intervine– presentaba, el día 2 de diciembre de 2021, en la Fundación Gala para jóvenes creadores, el último de sus libros, *Antonio Gala en su paisaje. Crónica de un compromiso*, editado por la Fundación José Manuel Lara, con la colaboración de la Fundación Cajasol.

Creo que a Gala le va a pasar –le pasa ya– como a Jacinto Benavente, aunque cualquier comparación siempre no sea muy atinada. Los dos tuvieron unos grandes éxitos, aunque posteriormente entraron en la zona del olvido. Hecho que, en nuestro caso y ahora, se incumple.

Lo que sí es cierto, es que, por y pese a lo dicho anteriormente, Antonio Gala está ya en el parnaso de la literatura y el teatro españoles, objetiva y justamente, y en el amor de lectores y espectadores que se acerquen a sus creaciones (el mejor modo de re-vivirlo y homenajearlo). Porque Gala ya ha entrado por la puerta grande en el ámbito de nuestros clásicos…

Ahora hablaré... de Antonio Gala:

Unas memorias caleidoscópicas

Sí, *Ahora hablaré de mí*, como es bien sabido, es el título de una obra de Antonio Gala, publicada por Planeta en 2001. Pues bien, remedando el título, me propongo tratar de algunas consideraciones que, desde el punto de vista literario, fundamentalmente, constituyen una tesela más –todo lo pequeña que se quiera– de mis ya anchas y largas investigaciones sobre la obra del ilustre y polifacético creador. Pero antes de empezar, me vais a permitir una licencia, cual es, la que sigue. Que no es otra que....

1. AHORA HABLARÉ DE MÍ (NO DE GALA)

En efecto, tras manifestar mi agradecimiento por la invitación, tanto a la Fundación Antonio Gala como a mi querida amiga y colega Ana Padilla (*alma mater* de estos encuentros literarios), es para mí una gran satisfacción participar en este III Congreso Internacional sobre Antonio Gala, que organiza esta meritoria Fundación y la Universidad de Córdoba –de la que me honro en haber sido catedrático, aunque fugaz, de su claustro–, que se une, con gran tino, a los dos celebrados anteriormente, bajo el recio empeño, especialmente, de la mencionada profesora: el primero, *Antonio Gala y el arte de la palabra*, celebrado del 3 al 5 de marzo de 2018; y el *II Congreso Internacional Antonio Gala: De la palabra al arte*, que tuvo lugar del 11 al 13 de marzo de 2015, en los que tuve la oportunidad gozosa de intervenir, como atestiguan la memoria de algunos y, sobre todo, los resultados publicados[48].

Como datos autobiográficos, indicaré que de los 217 congresos (con este serían 218) –llegan a 261 al revisar este trabajo– en los que participado desde 1977, he presentado trabajos sobre la obra de Gala en 16 (contando este), tanto en España (13) como fuera de ella (3: Roma, Ciudad de México y Berlín), lo que constituye casi un 7.5% de mis intervenciones. En el primer congreso que traté sobre Antonio Gala, fue en Roma, en 1983, pero, si nos referimos a Córdoba, mi primera comunicación fue en el XV Simposio de la Sociedad Española de Lingüística, celebrado aquí, en esta ciudad, del 16 al 20 de diciembre de 1985, en el que traté –como no podía ser de otra manera:

---

[48] *Vid.* de José Romera Castillo, "Sobre el teatro con referencias históricas de Antonio Gala"., en Ana Padilla Mangas (ed.), *Antonio Gala y el arte de la palabra* (Córdoba: Universidad, 2011, págs. 209-237) –incluido como "Antonio Gala: su teatro con referencias históricas", en mi libro, *Teatro español entre dos siglos a examen* (Madrid: Verbum, 2011, págs.152-179)-. Y "Antonio Gala y la música", en Isabel Martínez Moreno (ed.), *Antonio Gala. Eterno y de cristal* (Sevilla: Junta de Andalucía / Consejería de Cultura / Centro Andaluz de las Letras, 2016, págs. 143-149; Catálogo de la exposición *Autor del año 2016* –incluido en el capítulo 16, "Teatro y música: el caso de Antonio Gala", de mi libro, *Teatro de ayer y de hoy a escena* (Madrid: Verbum, 2020, págs. 363-389)–.

mis raíces granadinas así lo impulsaron– de los rasgos andaluces en la lengua literaria de Antonio Gala[49].

Al estudio de la obra del autor he dedicado un libro, *Con Antonio Gala (Estudios sobre su obra)* (Madrid: UNED, 1996)[50]; he editado varias de sus obras: *Los verdes campos del Edén* y *El cementerio de los pájaros* (Barcelona: Plaza & Janés, 1986)[51], *Carmen Carmen* (Madrid: Espasa-Calpe, 1988), *Cristóbal Colón* (Madrid: Espasa-Calpe, 1990)[52] y *Las manzanas del viernes*

---

49 José Romera Castillo, "Algunas observaciones de Antonio Gala sobre las hablas andaluzas", en Concepción Argente *et alii* (eds.), *Homenaje al profesor Antonio Gallego Morell* (Granada: Universidad, 1989, III, págs. 247-160) –incluido en mi libro *Con Antonio Gala* (Madrid: UNED, 1996), págs. 300-318)–.

50 Con reseñas de Ana Padilla Mangas, en *Signa* 6 (1997), págs. 429-434 (también en http://www.cervantesvirtual.com/obra-visor/signa-revista-de-la-asociacion-espanola-de-semiotica--4/html/dcd92e0c-2dc6-11e2-b417-000475f5bda5_46.html#I_73_); José Manuel Reyes (Rutgers University), en *Gestos* (University of California, Irvine) 24 (noviembre, 1997), págs. 202-203; Emilia Cortés Ibáñez, en *Epos* XIII (1997), págs. 536-539 (también en http://e-spacio.uned.es/fez/eserv.php?pid=bibliuned:Epos-1997-13-5110&dsID= Documento.pdf); Alfredo Rodríguez López-Vázquez, en *Lenguaje y Textos* 10 (1997), págs. 373-374; Coral López Gómez, en *España Contemporánea. Revista de Literatura y Cultura* (USA) X.2 (1997), págs. 99-100 y reseña de la revista, en *A Distancia* (UNED), primavera (1997), pág. 35. Presentación en vídeo en CanalUNED: http://www.CanalUNED.com/mmobj/ index/id/3384 y https://canal.uned.es/ mmobj/index/id/26374. Todos los enlaces consignados en este trabajo han sido (re)consultados el 03/02/2024.

51 Con reseñas de Dinda L. Gorlée, "Antonio Gala: *Los verdes campos del Edén, El cementerio de los pájaros*. Edición de José Romera Castillo", en *Epos* IV (1988), págs. 485-487 (también en http://revistas.uned.es/index.php/EPOS/article/view/9495/9051) y "Dos textos de A. Gala: Juntos, pero no revueltos", en *Ínsula* 505 (1989), pág. 26 y Phyllis Zatlin Boring, "Antonio Gala. *Los verdes campos del Edén* y *El cementerio de los pájaros*. Ed. José Romera Castillo", en *Gestos* 5 (1988), págs. 166-167 (en inglés).

(Madrid: Espasa Calpe, 1999); además de diecisiete artículos que tratan tanto de aspectos generales sobre el autor[53] y sobre algunas de sus obras –*Samarkanda*[54], *El hotelito*[55] y *El caracol en el espejo*[56]–, así como sobre otros temas, expuestos la mayoría de ellos en diversos congresos, puestos en relación con san Juan de la Cruz, Rosalía de Castro, Antonio Machado, Iberoamérica

---

52 Con reseña de Asela Rodríguez Laguna, en *Estreno* XVIII.1 (1992), págs. 52-53.

53 Pueden verse mis artículos, "Antonio Gala", en K. y Th. Reichenberger (eds.), *Siete siglos de autores españoles* (Kassel: Reichenberger, 1991, págs. 351-353); "Sobre Antonio Gala", *Cuadernos de Dramaturgia Contemporánea* (Alicante) 2 (1997), págs. 53-56 (que puede leerse en http://www.muestrateatro.-com/ home.html#pagina=/cuadernos.html); "El teatro: Antonio Gala", en Francisco Rico (ed.), Santos Sanz Villanueva y otros (coords.), *Época contemporánea: 1939-1975*, en *Historia y crítica de la literatura española* (Barcelona: Crítica, 1999, Primer suplemento 8/1, págs. 675-678) y "El buen humor (en el teatro) de Antonio Gala", en Marieta Cantos Casenave y Alberto Romero Ferrer (eds.), *La comedia española entre el realismo, la provocación y las nuevas formas (1950-2000)* (Cádiz: Universidad / Fundación Pedro Muñoz Seca, 2003, págs. 213-224) -incluido en mi libro, *Teatro español entre dos siglos a examen* (Madrid: Verbum, 2011, págs. 271-285)-.

54 "*Samarkanda*, de Antonio Gala", en Sebastian Neumeister (ed.), *Actas del IX Congreso de la Asociación Internacional de Hispanistas*, II, págs. 363-371 (Frankfurt am Main: Vervuert Verlag, 1989, II, págs. 363-371). Puede leerse también en http://www.cvc.cervantes.es/obref/aih/pdf/09/aih_09_2_ 040.pdf –incluido en mi libro *Con Antonio Gala* (Madrid: UNED, 1996, 170-183)–.

55 "Lo coloquial en *El hotelito* de Antonio Gala", en A. Montero *et alii* (eds.), *Imago Hispaniae. Homenaje a Manuel Criado de Val* (Kassel: Reichenberger, 1989, págs. 595-625) –incluido en mi libro *Con Antonio Gala* (Madrid: UNED, 1996, págs. 184-217)–.

56 "Análisis crítico", en Antonio Gala, *El caracol en el espejo*, 99-116. Madrid: Sociedad General de Autores y Editores, 2003, págs. 99-116; Colección *Teatrohomenaje*, n.º 7) incluido en este volumen.

en su obra periodística, la presencia de Francia, etc. –incluidos también en el volumen monográfico, *Con Antonio Gala*, anteriormente citado–. Después de todo esto, cuando la profesora Ana Padilla me invitó a participar en este encuentro, me dije ¿de qué puedo hablar yo ya? Y como siempre hay un roto para un descosido, me dije pues vamos a salir de la estricta creación literaria y teatral y veamos algo de otra faceta de su producción: la de una muestra de su escritura estrictamente autobiográfica.

2. GALA Y SU FUNDACIÓN

Pues bien, tras este breve inicio autobiográfico, siguiendo la estela galiana, pasaré, en segundo lugar, a dar unas breves, brevísimas, pinceladas sobre la escritura del yo, es decir, la escritura autobiográfica.

Pero antes, quisiera traer a colación dos hechos relacionados con esta importante y excelente Fundación que nos acoge hoy.

En "Los alcaldes y yo", en el volumen sobre el que se centrará nuestra atención, *Ahora hablaré de mí*, nos dice Gala: "Cuando hablé por primera vez de mi *Fundación para jóvenes creadores*, los alcaldes de tres ciudades andaluzas –Córdoba, Sevilla y Málaga– se lanzaron a ofrecerme su sede. Pensé que debía afincarla en Córdoba, donde se abrió mi mente y donde fui yo mismo joven creador. Debo, no obstante, agradecer a otro alcalde, el de Almagro, que me brindara el Palacio de Valdeparaíso" (pág. 45).

En este mismo capítulo, Gala, cuenta, que estando en Córdoba (Argentina), con su alcalde, hicieron "unas migas tan favorables que copió la idea de mi *Fundación*, iniciada ya en Córdoba, España, ofreciendo para ella un sanatorio antituberculoso caído ya en desuso" (pág. 48). Residentes, por poco os instalan en Argentina, que tampoco estaría mal…

En otra ocasión, en "Las artes y yo", al referirse a la arquitectura indica: "Con motivo de la creación en Córdoba de mi Fundación para Jóvenes Creadores he tenido que tratar mucho a alguien que admiraba, Rafael de la Hoz [Arderius (Madrid, 9 de octubre de 1924 – *ibidem*, 13 de junio de 2000]. Él tuvo el mérito de hacer inteligible un convento que, desde el siglo XVII, había crecido de forma biológica y anárquica [en 1997]. Por desgracia lleva meses en coma. Lo ha sustituido un hijo de su mismo nombre [Rafael de la Hoz Castanys (Córdoba, 1955)]. Confieso que para mí no es igual. El calor profundo que irradiaba su padre, el humanismo comprensivo que crecía a su sombra, la devoción y la entrega por lo que estaba haciendo, lo acercaba bastante más a mí…" (pág. 301). Vayamos, pues, a lo anunciado.

3. UNAS BREVES PINCELADAS TEÓRICAS

Como anunciaba, me referiré ahora a lo autobiográfico. En efecto, yo, como docente universitario que soy, quisiera trazar unas muy breves pinceladas teóricas –muy pocas– sobre esta tipología de escritura que ha utilizado Antonio Gala en este caso y que no es otra que la del discurso del yo, es decir, de la escritura autobiográfica. He aquí la clave de toda esta disertación, que quienes me conocen saben que está muy ligada a mi trayectoria investigadora, tanto en mis abundantes trabajos (pioneros en España en este ámbito) como en la constitución y desarrollo de una de las líneas básicas, junto con la referida al teatro, del Centro de Investigación de Semiótica Literaria, Teatral y Nuevas Tecnologías que dirijo desde 1991, a través de varios congresos internacionales[57] como puede verse en nuestra web (https://www2.uned.es/centro-investigacion-SELI-

[57] *Vid.* de José Romera Castillo (ed.), *Escritura autobiográfica* (Madrid: Visor Libros, 1993); *Biografías literarias (1975-1997)* (Madrid: Visor Libros, 1998); *Poesía histórica y (auto)biográfica (1975-1999)* (Madrid: Visor Libros, 2000); *Teatro y memoria en la segunda mitad del siglo XX* (Madrid: Visor Libros, 2003). Además del volumen III del homenaje que se me rindió en el XXVII Seminario Internacional del SELITEN@T, publicado por Guillermo Laín Corona y Rocío Santiago Nogales (eds.), *Teatro, (auto)biografía y autoficción (2000-2018) en homenaje al profesor José Romera Castillo* (Madrid: Visor Libros, 2019).

TEN@T/escritura_autobio.html) o en algunos escritos míos[58], especialmente en uno de ellos, donde hago una recapitulación de lo realizado en nuestro centro al respecto[59].

No me voy a referir a la teorización sobre la escritura autobiográfica, al que he dedicado numerosos trabajos, sino que traeré a colación unas cuantas citas que enmarcan estupendamente el tratamiento del tema que nos ocupa:

> *Soy yo mismo la materia de mi libro*, indicaba el filósofo y escritor francés del Renacimiento, Michel de Montaigne, creador del género del ensayo. Eso es lo que ha hecho Gala en este volumen y, también, en su trayectoria literaria.

> *Recuérdalo tú y recuérdalo a otros*, señalaba uno de los grandes poetas del 27, Luis Cernuda, creador de una de las obras más señeras de la poesía actual, *La realidad y el deseo*, al que paralelamente añadió *Historial de un libro*, una de las piezas fundamentales de la autobiografía poética. Eso es lo que ha

58 "La literatura autobiográfica como género literario". *Revista de Investigación* (C.U. de Soria) IV.1 (1980), págs. 49-54; "La literatura, signo autobiográfico. El escritor, signo referencial de su escritura", en José Romera Castillo (ed.), *La literatura como signo* (Madrid: Playor, 1981, págs. 13-56). Además, y muy especialmente, puede verse mi libro, *De primera mano. Sobre escritura autobiográfica en España (siglo XX)* (Madrid: Visor Libros, 2006).

59 "La escritura (auto)biográfica y el SELITEN@T: guía bibliográfica". *Signa* 19 (2010), págs. 333-369 (también puede leerse en *http://www.cervantesvirtual.com/obra/la-escritura-autobiografica-y-el-selitent-guia-bibliografica--0/*).

hecho Gala: una introspección de su yo a lo largo de los años y, a la vez, hacerla perdurable a través de la escritura y de la publicación, con el fin de abrir las puertas de su interioridad y de sus contextos a sus queridos lectores. Sin el otro, sin los otros, nada tiene pleno sentido. Cada ser humano necesita.... Volveremos sobre ello. Se ha dicho, con razón, que los autores escriben, de una manera más o menos explícita, más o menos implícita, sobre lo que les ha acaecido en su vida, que es, en definitiva, el embrión de toda creación. Lo cual no quiere decir que todas las obras pertenezcan al ámbito autobiográfico, un género marcado por la teoría literaria desde hace ya algunos años, del que he sido uno de los pioneros en su estudio en España, desde que publicase sencillos pero clarificadores trabajos (Romera Castillo, 1980, 1981).

Los recuerdos: "Cómo son los recuerdos.... Se llaman, con señales misteriosas y mudas, los unos a los otros. Igual que las certezas: iras de una, y allá van las demás, enredadas lo mismo que zarcillos" (pág. 387).

El olvido / es una de las formas de la memoria: Jorge Luis Borges, *dixit*.

4. AHORA, YA, HABLARÉ DE ANTONIO GALA

Me fijaré en varios aspectos. Gala, entre las pasiones innatas que confiesa, está la de escribir, que es para él, "una pasión y no un destino. O sea, una necesidad irrebatible" (pág. 11): "escribo para sentirme vivo" (pág. 51). Sería conveniente extraer de este volumen las múltiples referencias que hace sobre la concepción y práctica de la escritura (en diferentes modalidades), que, en suma, dan muestra de la *poética* que impera en toda su amplia, variada e interesante creación artística. Pero de ello, ahora, no me voy a ocupar, por centrarme en unas breves consideraciones sobre el marbete autobiográfico.

4.1. Ámbito al que pertenece el libro

Como ya he tenido oportunidad de analizar y valorar aspectos de la obra galiana, según he constatado anteriormente, aunque haya sido brevemente, me ocuparé en esta ocasión de *Ahora hablaré de mí* (Barcelona: Planeta, 2001) que en modo alguno puede considerarse como menor, por varias razones. La primera –y principal– por pertenecer a un ámbito al que he prestado atención extensa y pionera en España, el de la escritura autobiográfica, como intentaré demostrar seguidamente; además de otras como no haberle prestado todavía la atención, por mi parte, así como también ha sucedido con los estudiosos de su producción, aunque hayamos recurrido a fragmentos de ella, en ocasiones, para apoyar nuestras propuestas.

Y un hecho curioso: ¿sabéis donde se editó el libro exactamente: impreso en Liberduplex, S.L., en Barcelona, y ¿en qué calle? en la calle Constitución, 19 (llamada hoy en catalán Carrer de la Constitució, si todavía pervive, que creo que sí). Los designios del destino son, como los del otro, inescrutables.

Varios indicios nos conducen al ámbito autobiográfico. En primer lugar, el título, *Ahora hablaré de mí*, que nos da una señera pista del género del libro, el de la escritura del yo, al usar tanto un verbo en primera persona (*hablaré*) como un pronombre posesivo de igual talante (*mí*), y finalmente el *ahora*, es decir, en este libro, no en otros. Pero no para aquí el asunto, sino que si se va uno al índice del volumen encuentra, tras un prólogo del autor, 26 entradas o capítulos, en los que, y en todos ellos, tras el enunciado básico, aparece el pronombre personal de primera persona, según puede verse –y señalo sólo las tres primeras entradas, aunque volveré sobre ello: en "El automóvil y yo", "Los alcaldes y yo", "Mis lectores y yo", etc.–. El ámbito del relato queda constreñido a un espacio realista, al de un *yo* (no al de otros), omnipresente, el del autor, sobre el que se centrará el relato.

Pero, también, hay otros indicios que conducen al receptor por este ámbito, me refiero a los paratextos. En efecto, debajo del título, en el que se lee un *mí* pleno de subjetivismo, aparecen tres fotografías del autor: en su niñez, en su mediana edad y en su madurez (en los inicios del nuevo siglo), del archivo del autor, así como de Antoni Bernard y Ricardo Martín. Y en la contraportada, después de una foto y una breve presentación del autor, resaltada en blanco sobre fondo azul claro, no se pone de manifiesto que estamos ante un excelente escritor, sino que, con un mercantilismo sumamente explícito, se indica que Gala es "el autor más vendido en los últimos diez años en España y todas sus obras han sido número uno", no desde sus inicios como escritor, sino –¡atención!– "desde que en 1990 ganó el Premio Planeta con *El manuscrito carmesí*" –la editorial que edita el libro se parangona de su premio–, tras lo cual, en un fondo azulado oscuro, que cuesta esfuerzo leer, se consigna:

> *Ahora hablaré de mí* no es una colección de opiniones, ni una biografía; no es un memorándum, ni un vademécum. Es, según su autor, un relato que –como en un puzzle– reconstruye "la frágil y enigmática mesa de los recuerdos", recuerdos que no son tan inocentes como las piezas de un rompecabezas, pero que en cada capítulo trazan el camino de la vida de Antonio Gala.

Todo ello conduce al lector a estar, no ante una obra ficcional pura y dura, sino a iniciar su lectura dentro de un marco peculiar: el de una narración de hechos vividos y contados por el propio creador. Primera constatación genérica.

Pero vayamos por partes. Podemos ver una primera y "peculiar" coordenada: en la primera página, antes del índice, en la que se hace una presentación del autor, indicando en su primera línea: "Antonio Gala nació en Córdoba en 1936". No indico nada, sino que, una vez más, los datos son … (que cada uno le ponga el adjetivo que merece). La localidad auténtica de Barazatortas se olvida conscientemente y la fecha de nacimiento...

Saltémonos, de momento el índice, y vayamos al "Prólogo" (pág. 7-9), signado por el autor, donde pone de manifiesto lo que pretende realizar en el libro. Empieza con unas aseveraciones e interrogaciones un tanto retóricas:

> ¿Qué libro es éste? Yo no lo sé. Acaso no sea un libro más que por su aspecto. Carece de otra unidad que no sea la de su intención, y aun ésta queda en muchas ocasiones desvaída. Porque, ¿qué intención tiene sino la de recoger episodios sucedidos u opiniones suscitadas por otros episodios, algunos de los cuales ni siquiera tuve la fortuna de que sucediesen?

Para expresar, a continuación, lo que no es este libro:

- "Una colección de opiniones";

- "ni mucho menos una biografía" [claro que no: eso lo hacen otros[60]];
- "tampoco es un memorándum [lo que debe recordarse, según la RAE]; no consiste en una lista de hechos de los que tenga que acordarme; por el contrario, es una acumulación de hechos de los que me acuerdo";
- "ni es, desde luego, un vademécum ['libro de poco volumen y de fácil acceso manejo para consulta inmediata de nociones o informaciones fundamentales', según la RAE] que me haya acompañado y decida yo ahora dar a luz";
- "no contiene las nociones más necesarias de ninguna ciencia y ningún arte, a no ser que la vida –mi vida– arriesgadamente se considerase tal";
- "no he aprendido nada o casi nada a partir de lo que en él se expone. Y, aunque lo hubiese hecho, la experiencia personal es una anotación que se efectúa a lápiz, y que muy poco tiempo basta para borrar, haciéndola inútil hasta para uno mismo".

---

60 Como es el caso, por ejemplo, de la realizada por José Infante, *Antonio Gala, un hombre aparte* (Madrid: Espasa Calpe, 1994). Unas reflexiones autobiográficas sobre su teatro pueden verse en el volumen de César Oliva (ed.), *El teatro que yo escribo* (Sevilla: Universidad Internacional de Andalucía, 2008).

Por el contrario, este volumen es:

- "Un relato inconexo que sólo con mucha fe ha sido posible reducir a capítulos. Sin embargo, ¿ha bastado la fe? Quizás ella inició la colecta; pero luego la prosiguieron la paciencia y el esfuerzo con que se reconstruyen el paisaje o las flores o los rostros de un puzzle que, al principio, estuvieron dispersos, inconexos y en fichas encima de una mesa: la frágil y enigmática mesa de los recuerdos".

- "No obstante, los recuerdos no son tan inocentes ni tan desvalidos como los fragmentos de un rompecabezas. Son susceptibles de utilizarse como armas defensivas u ofensivas. Y pueden también ser utilizados como ejemplos sonrientes (a mí no me gustan las armas y no entiendo una palabra de ellas), o como pasos oportunos e inoportunos con los que fui haciendo el bastante lamentable camino de mi vida".

- "Aunque más bien creo que los capítulos en que se agrupa el contenido de este falso libro son muy semejantes a los adobes con que antiguos constructores levantaron sus endebles viviendas. Endebles hasta cierto punto, puesto que subsisten muchas de ellas cuando se han abatido edificios más serios, cuyas primeras piedras se colocaron con duraderos proyectos y muy fuertes discursos. Estos adobes de que hablo están hechos, como lo más humano –quizá hasta el hombre–, de barro. Con una alta mezcla volandera, que lo confirma y lo asienta en

> contra de cuánto podría esperarse. Y con algo de sangre, como aquellos tapiales que caracterizan la arquitectura de los indios de Nuevo México. Y también con otro poco de sal, que alivie el peso y la geométrica identidad de los paralelepípedos y que ayude a distinguir unos de otros".

Si no es lo que se señala, ni es exactamente lo que se indica, qué es el volumen, pues sencillamente unas memorias, porque el relato del yo está arropado, por una serie de contextos de diversa índole.

Tal concepto no aparece en todo el volumen, así como tampoco palabras como autobiografía. Hecho concluyente: el escritor, los escritores, no están como Magdalenas para tafetanes. Pero a veces –muchas veces sí– como son los casos de diferentes escritores coetáneos suyos (su compadre, Caballero Bonald, que subtitula sus memorias como *novelas de la memoria*, o su íntimo amigo Terenci Moix, por poner dos ejemplos cercanos). Son los teóricos, los críticos –en el mejor sentido del término– los encargados de hacerlo. Y así lo hago yo; de ahí el subtítulo de mi exposición: *unas memorias caleidoscópicas*:

- *Memorias,* porque el libro "más bien alude a lo que acaeció [tanto a él como] en torno a él a lo largo de una vida no ya corta".

- *Caleidoscópicas*, por constituir un conjunto en el que se tratan de aspectos múltiples (24 en total, si nos atenemos a su índice) y, sobre todo, cambiantes, no porque Gala sea un veleta, sino porque en cada uno de los componentes del libro se va cambiando de objeto a tener en cuenta y que sirve como eje básico de reflexión.

4.2. Estructura y temas

He aquí lo que el autor señala al respecto en el prólogo por lo que respecta a la estructura: "no está escrito en un orden temporal, ni hace apenas referencia a los orígenes ni a la trayectoria de quien lo escribe". En efecto, así es. Detengámonos en su estructura.

El libro, tras el Preámbulo, está dividido en 24 capítulos o entregas, siempre con el marbete del tema *y yo*, a través de los cuales vamos percibiendo distintas teselas que componen su retrato. He aquí, agrupadas por temas y no por orden de aparición, una posible clasificación.

Sobre sí mismo:

"Mis edades y yo" [el más meta-autobiográfico, al repasar diversas etapas de su vida: niñez, adolescencia, juventud (universidad, milicias universitarias, Cartuja de la Defensión de

Nuestra Señora en Jerez, trabajos en Madrid de albañil y camarero), madurez (escritor en Madrid y en la casa de campo, La Baltasara].

Sobre elementos conceptuales:

- "El dolor, la alegría y yo".
- "Los amigos y yo".
- "Los amores y yo" (el último capítulo).
- "Las supersticiones y yo".
- "El Rocío y yo" (como símbolo de lo que el autor considera que es Andalucía).
- "El automóvil y yo" (el primer capítulo), muy ligado a
- "Los viajes y yo".

Sobre alcohol y alucinógenos:

- "Las bebidas y yo" (sobre efectos del alcohol).
- "Las drogas y yo".

Sobre la naturaleza:

- "Los elementos y yo" (sobre los cuatro elementos: tierra y aire –sus preferidos–, agua y fuego).

Sobre aspectos urbanísticos:

- "Mis casas y yo".
- "Las ciudades y yo".
- "Los mercados y yo".

[Faltaría uno: "Los cementerios y yo", a los que es tan aficionado el autor.]

Sobre personas:

- Políticos: "Los políticos y yo" y "Los alcaldes y yo".
- Otras profesiones. "Los médicos y yo".

Sobre animales:

- "Los animales y yo".

- "Los perros y yo".

Dejo para el final un apartado muy especial, referido al oficio en el que Gala ha sobresalido, me refiero a los capítulos.

Sobre creación artística y periodística:

- "Las artes y yo":
- "Los escritores y yo".
- "Los periodistas y yo".
- "Mis lectores y yo".

Sobre el teatro:

Y, por último, uno más y el más específico, sobre una de sus actividades creativas más importantes: "Las gentes del teatro y yo" (págs. 63-91).

Es cierto, que Gala, aunque en todos los capítulos, al comentar algunas peripecias de su vida, indique circunstancias tanto personales como ajenas, que fueron génesis de sus obras (otro valor añadido de este volumen, por constituir una fuente informativa de gran utilidad a la hora de estudiar o editar sus obras), sin embargo estos cinco capítulos citados últimamente son de referencia inexcusable para conocer, valorar y difundir una serie de aspectos sobre su *poética* creativa.

Para esta breve exposición, por razones de tiempo, he decidido no tener en cuenta todo ello –además de haber utilizado el volumen en otros trabajos, especialmente lo referido al teatro– e invito a todos a *degustarlos*. Me fijaré, a continuación, en una serie de aspectos curiosos, pero importantes, para nuestro objetivo.

4.3. Una pista más: el uso del monólogo interior

Gala ha sabido utilizar muy bien en sus obras dramáticas, especialmente, la técnica del *soliloquio*, es decir, de los parlamentos que hacen los personajes, al aislarse de los demás, fingiendo que hablan para sí mismos; pero, además, en este caso, el autor reflexiona interiormente, sin ficcionalización manifiesta, para sí mismo, en primer lugar. Estamos, además de un soliloquio, ante una marca muy significativa de la construcción interna de una obra, del autobiografismo, que no es otra que la figura retórica del monólogo interior, o flujo de conciencia, según la cual se reproducen en él una serie de mecanismos de pensamiento, de introspección, tan magníficamente utilizados en el *Ulises*, de James Joyce o, en nuestro ámbito, en *Tiempo de silencio*, de Luis Martín Santos, como he tenido la oportunidad de estudiar en otro lugar. Los personajes novelísticos, los utilizan, ficcionalmente, en sus actuaciones; pero en el caso de la escritura autobiográfica, el efecto se redobla, como sucede en nuestro caso.

Antonio Gala, por ejemplo, en el capítulo, "Los amores y yo", interrumpe la narración, para realizar una larga porción autorreflexiva, tras preguntarse: "¿he amado alguna vez en las condiciones de las que tanto he escrito? *En una noche oscura*, yo me hice los más fieros reproches" y comienza el monólogo interior (págs. 410 y ss.). También utiliza el recurso en "Las drogas y yo", donde evoca el consumo de diversos estupefacientes, con el fin de conocerlos mejor. El espacio, es doblemente adecuado para ello. En efecto, al evocar el tercer y último escarceo con el LSD, en un hotel de Estoril, "para dar un paso más en la investigación de la droga", tras el resultado espantoso –"un amasijo de dolores, reflexiones deshechas, terrores, espantos y sensaciones repugnantes"–, "al salir de aquella pesadilla escribí unas líneas, muy deprisa, que transcribo más o menos hoy por vez primera". Y lo hace, poniendo de relieve una angustiosa y aciaga interioridad de la experiencia "indecible, que no se deja expresar" (págs. 270-271).

4.4. Incursiones de Gala en la teoría autobiográfica

Aunque toda la obra de Gala tenga, como suele suceder, sus raíces en su trayectoria vital, sin embargo ha incursionado en el género explícitamente en otros textos.

Indicaré, en primer lugar, que, además de estas memorias sobre las que estamos tratando, ha cultivado una rama de este frondoso árbol: me refiero a la escritura diarística. En "Mi casa y yo", al referirse a una de las casas que habitó en Madrid, el apartamento "luminoso y estricto" de la calle Prim, indica:

> En ese apartamento es donde dónde más amado y sobado he sido, sin embargo. Allí escribí un diario inédito. En él, cada día es dolor de cabeza e insomnio; cada día, la acusación de ser un escritor que no escribe (pág. 191).

Pista concreta y alerta para los investigadores. Como está inédito, sería muy conveniente encontrarlo y editarlo.

Pasemos a otra rama del mencionado árbol. En "Mis lectores y yo", Gala dedica un espacio, de una manera amplia, a una de las modalidades de la escritura autobiográfica, la de las cartas, la de los epistolarios, que tanta profusión han tenido en todos los tiempos y que, en la actualidad, están perdiendo su formato tradicional, para adaptarse, a través del correo electrónico, a uno nuevo.

Volvamos al volumen de Gala. Ante todo, señalaré varios aspectos importantes al respecto. En primer lugar, declara lo siguiente:

> No tengo –he dado toda clase de pruebas– ninguna afición a escribir cartas [y menos, cartas de amor]. Nunca me sentí atraído por el género, ni en mi vida privada ni en la pública. Para mí escribir es una profesión, no un trámite ni una exposición particular de sentimientos. Escribir, para mí, es siempre hacer literatura (pág. 425).

Y las cartas no lo son. Y se pregunta, "¿qué representa una carta? Un estado de ánimo que, lábilmente, puede cambiar al opuesto durante el día que tarda la carta en recibirse" (pág. 425), por lo que el teléfono, desde el punto de vista del momento en que escribía, por la inmediatez, "le haya sacado ventaja a la correspondencia" (pág. 425) [aunque, hoy, habría que añadir, el correo electrónico ha impuesto otra manera de comunicarse].

En segundo lugar, frente a su aversión a escribir cartas (pág. 402), como señala el autor, "Me he carteado sólo con mis lectores, y de una manera especialísima". Para proseguir a continuación: "Yo envío notas taxativas, no cartas" (pág. 425). Pero, por otra parte, recibe una ingente cantidad de misivas, que, por "la bondad de los carteros, le llegan siempre (aunque la dirección esté equivocada o incompleta): "Yo recibo tal cantidad de cartas de lectores que no bastan dos personas dedicadas a ellas. Tengo un museo que conserva las más originales, incluso las más estrafalarias" (pág. 53).

Pero lo más interesante, es que, sin pretenderlo, supongo, Gala se convierte en un teórico del ámbito, al establecer una clasificación dentro de una tipología epistolar (págs. 53-58). Veamos.

- Las de felicitación: dan "la enhorabuena por tal o cual libro".

- Las de gratitud: dan "las gracias por haber acertado al expresar lo que ellos pensaban y no sabían decir" o manifiestan "porque un texto mío les alivió una pena o les iluminó una tiniebla o los sacó de una depresión o les ha ayudado a salir de un mal paso".

- Las de desolación (que son las que mayor número ocupan): vienen escritas "por lectores que confían en mí lo bastante para contarme que se sienten solos: solos estando acompañados, que es la peor soledad. Es decir, anhelan romper la incomunicación, esa plaga de nuestro tiempo. Si la soledad manchara, no habría suficiente agua en el mundo para lavar su mancha". Y sigue: "Esas cartas, no siempre bien escritas y nunca literarias, derraman sangre al salir del sobre. Sus líneas son como las sístoles y las diástoles de un corazón que se exhibe desnudo y no encuentra remedio ni da, con una mano tanteante, con la que restañaría su hemorragia o cerraría los labios de su herida".

- Las confesionales: "descargan el alma que las emite", con el marbete de secreto de confesión.

- Las de noticias falsas: que "pueden resultar graciosas al principio", como por ejemplo "alguien que tiene la certeza de ser hijo o hija mía", o que he tenido hijos "con dos o tres actrices, con la duquesa de Alba y con un par de monjas…".

- Las literarias: piden parecer sobre sus actividades creativas como poesías, cuentos o novelas (que abundan mucho). [Nada dice sobre teatro.]

- Las "llamadas normales": piden una foto dedicada o un autógrafo ("cada vez hay más coleccionistas de lo que a mí me parece una simpleza").

- Las de "personas puntillosas": "escriben con ira provocada por opiniones o declaraciones", que no les gustan –buena parte de ellas son anónimas–, o las de quienes "me tenían una honda devoción respetuosa, y que, por cualquier causa, se han desencantado de repente y quieren hacérmelo saber con toda clase de explicaciones".

- Las de otras variedades: como las que declaran amor, o cuentan relatos cotidianos o hacen consultas de todo tipo, o se inventan relatos novelescos que solicitan ser pasados a la escritura por el escritor.

- Las de los herederos: como apostilla finalmente. Nos dice Gala:

> Fue precisamente una multitud de remitentes jóvenes lo que me movió a aceptar la publicación de mi libro *Poemas de amor* [Barcelona: Planeta, 1997]. Me rogaban, después de la *Carta a los herederos*, que accediese porque a través de los poemas iban a conocerme mejor, cosa indudable, aunque yo, que siempre me pongo en lo peor, pensase de soslayo que, por más cortos, los poemas eran de más cómoda lectura que una novela... No es cierto, no lo pensé, se trata de una broma: sé que la gente joven, por reacción frente a una sociedad hostil y monetaria, y habitante de ciudades enemigas, desea refugiarse en su intimidad, de la mano de alguien a ser posible [...] Eran cartas de esos herederos, que contestaban a la mía hacia ellos, diciendo casi todos que dentro de su mente hay más de mí que de su propio padre. Me halaga, por supuesto, pero no sé si arrendarles la ganancia (págs. 57-58).

Pero además de este incentivo, Antonio Gala ha publicado en formato epistolar algunos conjuntos de artículos como, por ejemplo y muy especialmente, *Carta a los herederos* (Barcelona: Planeta, 1996).

4.5. El receptor a escena: notas de pragmática

El célebre dicho de Arthur Rimbaud, *Je est un autre* ("Yo es otro"), en una carta a Georges Izambard (fechada el 13 de mayo de 1871), se reduplica en nuestro caso: el yo de Gala se convierte en otro yo (el yo viviente pasa a ser un *alter ego*, el del escribiente o escribidor como lo definiría Vargas Llosa); y, a su vez, estas modalidades de yoes se proyectan en el yo del receptor (en los yoes de los lectores).

Gala quiere estrechar vínculos con sus lectores, aglutinar afinidades, ganarse su confianza, seducirlos, mimarlos –enamorarlos, se podía decir– a través de una especie de conversación con ellos. Escuchándoles, hablándoles al oído, ofreciéndoles el latido de su vida junto a sus seguidores, que no son muchos, sino muchísimos. En suma, conectar con ellos, explicándoles, desde su punto de vista, lo que pasa a su alrededor.

Hagamos unas pequeñas calas al respecto:

> "En definitiva, y eso no me parece mal, será el lector quien tenga que calificar y que clasificar este tomo que ya tiene en sus manos. En tanto que lo juzgue digno de ser denominado de una forma convencional, porque pienso que de todas tiene algo de batiburrillo".[61]

---

[61] RAE: "En la conversación y en los escritos, mezcla de cosas inconexas y que no vienen a propósito".

"Lo escribiré –ya que estas líneas son apriorísticas– con el deseo de divertirme en el bueno y estricto sentido del vocablo, entre una novela y una comedia, o viceversa. Con el propósito de que mi diversión se contagie al lector, y con la vehemencia que cualquier hombre agrega cuando conversa de sí mismo.

A eso aspiro, a una conversación con el lector, preguntándole o respondiendo a sus preguntas deshilvanadamente, a una conversación susceptible de ser interrumpida y reanudada, susceptible de comenzar muy lejos del principio o incluso por el fin.

Sea como quiera, mi designio más claro es no tener designio; mostrar facetas íntimas que no formaron parte de libros anteriores, reclamar la amistad de quien lea éste, contándole aquello que sólo se cuenta a los amigos, entre risas a veces, a veces entre añoranzas no demasiado graves.

Porque, en mi vida, ha llegado la hora de jugar un poquito a un juego en el que siempre se necesitan compañeros: el de la evocación y el de la anécdota, alejados de las solemnes categorías que en otros libros me ocuparon. Es una petición de perdón por textos más sesudos; un codazo de complicidad en la sonrisa; una insistencia en la desusada alegría; una invitación a entrar en mi cuarto de trabajo y charlar sin coturnos, o descalzos del todo.

La ventaja de este intento es que, como no se plantea nada claro, si sale con barba, san Antón, y si no, la Purísima Con-

> cepción. Que ambos –termina– nos tengan, al escribirlo a mí y al lector al leerlo, de su mano. La necesitaremos" [firmado: EL AUTOR].

Incluso llega, en ocasiones, a dirigirse al lector ("Ruego al lector que....", pág. 358). Todo ello es una clara y explícita *captatio benevolenciae,* un recurso literario y retórico a través del cual el autor intenta atraerse la atención y buena disposición del público, al estilo, por ejemplo, del hacer de Cervantes y otros tantos escritores en los preliminares a sus obras.

4.6. Literariedad

Pero hay un valioso recurso que quisiera destacar, cual es el de la literariedad que destilan algunas de las páginas de este volumen. Ello sucede a veces en testimonios autobiográficos como en el caso, por ejemplo, de Federico García Lorca en cuyo epistolario encontramos una de las mejores descripciones, literariamente hablando, de Granada, que yo he visto.

Veamos un ejemplo en *Ahora hablaré de mí*, en una descripción literaria amor-amar en "Los mercados y yo", en el pueblo granadino de Almuñécar:

> Pero un día, antes de la muerte, nos fuimos a Almuñécar. Era el mes de febrero. Hablábamos y bebíamos, de noche, en nuestra habitación de un hotel de la playa. Dormíamos a

rachas, porque nos parecía que éramos demasiado felices para dormir toda la noche de un tirón. El amanecer nos sorprendía despiertos. Nos levantábamos descalzos, envueltos en la colcha o en una manta grande en que los dos cabíamos. El mar, insomne, lamía la arena debajo del balcón. Una bandada de gaviotas unánimes esperaba no se sabía qué, mirando ya a la derecha ya a la izquierda, hasta que alzaba de repente el vuelo no se sabía por qué. Nos besábamos muy delicadamente a los ojos del mar. Y, antes de volver a la cama, un poco fríos, veíamos, en medio del amanecer gris entero y ya rosa, las gabarras de luces soñolientas. Las veíamos acercarse, acercarse, entre la niebla. Oíamos su ruido… (pág. 389).

5. PARA TERMINAR…. POR AHORA

Las teselas expuestas aquí, no constituyen, como se ha podido ver, un retrato total de Antonio Gala, pero sí son un acicate –espero– para leer (o releer) este *Ahora hablaré de mí*. El lector podrá conocer mejor a este personaje viviente, a sus *poéticas* como creador y a los contextos en las que su vida y obra han florecido.

En este ensamblaje de fragmentos que nos proporciona el volumen, conjuntados tras su lectura, se nos ofrece un retrato de primera mano de un hombre aparte –un *solidario solitario* como persona–, y de un creador literario y teatral de primera fila –y de sus *poéticas*–, inserto en unas coordenadas sociales y temporales a las que se enfrenta, con humor –mucho humor– y sin tapujos. Re-vivir *Ahora hablaré de mí*, unas memorias caleidoscópicas, no será un ejercicio baldío, sino, antes al contrario, una muy buena base para conocer mucho mejor tanto al personaje y a su escritura como al mundo que le (nos) rodea. Podemos rubricar, creo, la oración de un paisano cordobés –por estar ahora aquí– Maimónides: "Que el amor a mi oficio me llene todas las horas; que ni la ruindad, ni la avaricia, ni el deseo de fama o de reputación enturbien mi mente". Que así sea…[62].

---

[62] Publicado en Ana Padilla Mangas (ed.), *Antonio Gala. De la palabra al arte y el arte de comunicación* (Córdoba: Universidad de Córdoba, 2021, págs. 273-289).

El caracol en el espejo

1. MARCO

Para conocer y apreciar mejor una obra artística –en este caso la pieza teatral *El caracol en el espejo*– es preciso situarla, aunque sea brevemente, en la trayectoria literaria de su creador. Como es bien sabido, Antonio Gala es uno de los escritores más prolíficos de la literatura española actual: poeta, cuentista, dramaturgo, novelista de relumbre, articulista en periódicos, guionista de televisión, adaptador de obras para el teatro y el cine... Algunas de sus producciones han sido traducidas a varias lenguas y sus piezas dramáticas se han puesto en los escenarios de diversas partes del mundo. Por ello, su nombre ocupa un señero lugar en la literatura y en la dramaturgia españolas de la segunda mitad del siglo XX.

Gala inicia su carrera literaria en el ámbito de la poesía el recibir, en 1959, el accésit del Premio *Adonais* por *Enemigo íntimo*[63], transitando también por los terrenos del cuento. Rumbo que cambia pronto al recibir, en 1963, el Premio *Calderón de la*

---

[63] Antonio Gala, *Enemigo íntimo* (Madrid: Rialp, 1960). Otra edición en Madrid: Ediciones La Palma, 1992. Libro incluido también en el volumen de Gala, *Poemas de amor* (Barcelona: Planeta, 1997 y 2000; con prólogo de Pere Gimferrer), que fue la obra más vendida en la Feria del Libro de Madrid (en 1997).

Barca por su pieza teatral *Los verdes campos del Edén*[64] puesta en escena en el Teatro María Guerrero de Madrid, en diciembre del mismo año, por la experta mano de José Luis Alonso. Desde entonces, la suerte estaba echada: su oficio será el de escritor. Pero de un *peculiar* autor. Gala, según confiesa, no es escritor por su propio deseo. El dramaturgo ha distinguido dos tipos de autores: los de vocación y los de destino. Como suele decir –no sé con qué fundamento–, el destino lo llevó a ese oficio, el de escribir, modesto y molesto. Ahí, creo, que está la base de su labor: no empeñarse, a trancas y barrancas, en ser escritor (por vocación), sino seguir los dicterios del *fatum*, que fue quien lo llevó a la escritura y le dio, mágica y caprichosamente, el arte que sin duda alguna posee, realimentado, luego, con un laborioso y continuado trabajo, digno del mayor encomio. Por ello, estamos ante un destacado y prolífico autor literario y teatral[65], poseedor de una fina inteligencia, una dialéctica penetrante, una sensibilidad a flor de piel y un bello y atractivo *verbo*, como ha señalado la crítica y como he tenido la oportunidad de estudiar

---

64 Cf. José Romera Castillo (ed.), *Los verdes campos del Edén. El cementerio de los pájaros*, de Antonio Gala (Barcelona: Plaza & Janés, 1986, págs. 119-222).

65 Cf. Antonio Gala, *Ahora hablaré de mí* (Barcelona: Planeta, 2000), especialmente los capítulos "Las gentes del teatro y yo" (págs. 63-91) y "Los escritores y yo" (págs. 229-249).

en diversos trabajos[66] y en los pórticos a las ediciones de algunos de sus textos[67].

Si nos atenemos exclusivamente a su trayectoria dramática[68], es preciso decir que es amplia y variada. Gala ingresa en el mundo de Talía con *Los verdes campos del Edén*, estrenada con un "éxito insólito" –como señala el autor– en diciembre de ese mismo año, en la que se plantea el problema de la redención y

---

66 *Vid.* de José Romera Castillo *Con Antonio Gala (Estudios sobre su obra)* (Madrid: UNED, 1996; *Aula Abierta* n.º 100, con "Pórtico" de Antonio Gala); "Antonio Gala", en Kurt y Theo Reichenberger (eds.), *Siete siglos de autores españoles* (Kassel: Reichenberger, 1991, págs. 351-353); "Sobre Antonio Gala", *Cuadernos de Dramaturgia Contemporánea* (Alicante) 2 (1997), págs. 53-56; y "El teatro: Antonio Gala", en Francisco Rico (ed.), Santos Sanz Villanueva y otros (coords.), *Historia y crítica de la literatura española. Época contemporánea: 1939-1975* (Barcelona: Crítica, 1999, Primer suplemento 8/1, págs. 675-678).

67 Puede verse mi edición crítica de Antonio Gala, *Los verdes campos del Edén* y *El cementerio de los pájaros* (Barcelona: Plaza & Janés, 1986; *Biblioteca Crítica de Autores Españoles*, n.º 52); así como los prólogos a las primeras ediciones de *Carmen Carmen* (Madrid: Espasa-Calpe, 1988, págs. 9-44; *Colección Austral*, n.º 65); *Las manzanas del viernes* (Madrid: Espasa Calpe, 1999, págs. IX-XXVII; *Colección Austral*, n.º 486) y el libreto de la ópera, *Cristóbal Colón* (Madrid: Espasa-Calpe, 1990, págs. 9-65; *Colección Austral*, n.º 138).

68 Una abundante bibliografía sobre A. Gala puede verse en mi libro *Con Antonio Gala (Estudios sobre su obra)* (Madrid: UNED, 1996). Además de otras referencias consignadas en notas, así como los diversos prólogos de las ediciones de sus obras, cf. los trabajos, entre otros, de Fausto Díaz Padilla, *El teatro de Antonio Gala* (Oviedo: Universidad, 1985); Carolyn J. Harris, *El teatro de Antonio Gala* (Toledo: Zocodover, 1986); Friederike Heitsch, *Antonio Gala y el Islam* (Kassel: Reichenberger, 1995); Victoria Robertson, *El teatro de Antonio Gala: un retrato de España* (Madrid: Pliegos, 1990); Isabel Martínez Moreno, *Antonio Gala, el paraíso perdido* (Madrid: CSIC, 1994) –volumen en el que se puede encontrar una amplia bibliografía sobre el teatro de nuestro autor–, etc.

la necesidad que tiene el hombre de buscar un mundo nuevo[69], y aunque no se considere "un hombre de teatro" –como suele señalar–, sin embargo buena parte de su producción artística se desarrollará en este ámbito.

En efecto, con *Los verdes campos del Edén*, un fresco y poético texto, Gala aparecerá en la escena española con brillo propio, como señala José Infante[70]: "Desde el estreno, en 1949, de *Historia de una escalera* de Antonio Buero Vallejo, el teatro español se ha ido decantando en dos frentes. Por un lado el teatro burgués, sin ninguna pretensión social ni literaria, que es el que triunfa en los escenarios comerciales, y por otro, el realismo iniciado por Buero que, aunque siguiendo las maneras técnicas del teatro norteamericano contemporáneo, ha tenido sus seguidores introduciendo una línea crítica"[71]. Para proseguir luego: "Frente al realismo crítico que parece querer abrirse paso en la escena española, Gala llega con una obra en donde el humor y la poesía son el centro y el método para hablar de cosas que tienen

---

69 Gala escribe que José Luis Alonso, el director del Teatro María Guerrero, le contó que "aburrido de las comedias que le habían dado a leer y que aspiraban al Calderón, había resulto embarcarse sólo en una más, al tiempo de acostarse una noche en su casa de Serrano, como una vía hacia el sueño. Tomó la titulada *Los verdes campos del Edén*, y se encontró con un texto fresco, jugoso, tan ingenuo que su ingenuidad parecía técnica, y descaradamente nuevo" (A. Gala, *Ahora hablaré de mí*, Barcelona: Planeta, 2001, pág. 65).

70 José Infante, *Antonio Gala, un hombre aparte* (Madrid: Espasa Calpe, 1994, pág. 93).

71 Que continuarían Alfonso Sastre, Rodríguez Buded, Carlos Muñiz, Lauro Olmo, Alfredo Mañas, Martín Recuerda y otros.

más que ver con lo esencial humano que con la realidad social. De momento nadie sabe muy bien dónde situarlo. Lo único de lo que nadie tuvo duda es que había nacido un nuevo autor teatral. Ni siquiera el propio Antonio Gala, al que aquel inesperado premio lanzaba a los escenarios de un sonoro y decisivo empellón".

A la vez que se estrena su primera pieza teatral, Gala encuentra el amor y con los dineros del premio se muda a un apartamento de la calle don Ramón de la Cruz, de Madrid, donde escribiría dos obras de un marcado matiz alegórico: *El caracol en el espejo*[72] –que ahora se reedita– y *El sol en el hormiguero*[73] –una sátira política del autocrático poder, basada en la figura del gigante Gulliver de Jonathan Swift–. De las dos comedias escritas se elige la segunda para ser estrenada, de la mano de José Luis Alonso –de nuevo– en el Teatro María Guerrero, el 9 de enero de 1966.

La otra, *El caracol en el espejo*, no se ha puesto nunca en escena. Pero sí se editaría. La primera vez, de la mano del crítico José Monleón, en 1970, junto a otras dos obras[74], y

[72] José Infante, *Antonio Gala, un hombre aparte* (Madrid: Espasa Calpe, 1994, pág. 102).

[73] Antonio Gala, *El sol en el hormiguero* (Madrid: Ediciones MK, 1984). La obra se incluye también en otras antologías de textos como señalaré después también en nota.

[74] José Monleón (ed.), *Teatro* de Antonio Gala (Madrid: Taurus, 1970; *El Mirlo Blanco* n.º 13). En esta recopilación aparecen, además, *El sol en el hormiguero* y *Noviembre y un poco de yerba.*

posteriormente, en 1981, se incluyó en las *Obras escogidas* de Antonio Gala (texto por el que citaré)[75].

El teatro adquiere su estatus verdadero cuando lo plasmado en el texto escrito se re-crea en el escenario[76]. Prescindiendo de las puestas en escena de obras de Gala, en las que la censura puso su negra mano sobre alguna de ellas (como, por

---

75 Antonio Gala, *Obras escogidas* (Madrid: Aguilar, 1981; con prólogo de Fausto Díaz Padilla). El volumen incluye *Los verdes campos del Edén* (págs. 1-74), *El caracol en el espejo* (págs. 75-143), *El sol en el hormiguero* (págs. 145-228), *Noviembre y un poco de yerba* (págs. 229-303), *Spain's Strip-tease* (págs. 305-349), *Los buenos días perdidos* (págs. 351-429), *Anillos para una dama* (págs. 431-492), *Las cítaras colgadas de los árboles* (págs. 493-578), *¡Suerte, campeón!* (págs. 579-687), *¿Por qué corres, Ulises?* (págs. 689-775), *Petra Regalada* (págs. 777-851) y *La vieja señorita del Paraíso* (págs. 853-930).

76 Como es bien sabido, la bibliografía para analizar los textos teatrales es muy amplia (tanto desde el punto de vista del texto dramático como del espectacular). Como botón de muestra señalaré algunos títulos: José Luis García Barrientos, *Cómo se comenta una obra de teatro* (Madrid: Síntesis, 2001) –con una bibliografía actualizada–; Antonio Tordera, "Teoría y técnica del análisis teatral", en Jenaro Talens, José Romera Castillo y otros, *Elementos para una semiótica del texto artístico* (Madrid: Cátedra, 1978, págs. 155-199); Kurt Spang, *Teoría del drama. Lectura y análisis de la obra teatral* (Pamplona: EUNSA, 1991), etc. Además de obras más sesudas como las de A. Ubersfeld, *Semiótica teatral* (Madrid: Cátedra / Universidad de Murcia, 1977), *L'École du spectateur II* (París: Éditions Sociales, 1981; con traducción española en Madrid: Publicaciones de la Asociación de Directores de Escena de España, 1997) y *Lire le théâtre III. Le dialogue de théâtre* (París: Belin, 1996); Juan Villegas, *Interpretación y análisis del arte dramático* (Ottawa, Giral Books, 1982); R. H. Castagnino, *Teoría del teatro* (Buenos Aires: Plus Ultra, 1967) y *Teorías sobre el arte dramático* (Buenos Aires: Centro Editor de América Latina, 1969, 2 vols.); José M.ª Díez Borque y Luciano García Lorenzo (eds.), *Semiología del teatro* (Barcelona: Planeta, 1975); G. Bettetini, *Producción significante y puesta en escena* (Barcelona: Gustavo Gili, 1977); F. Ruffini, *Semiótica del testo. L'esempio teatro* (Roma:

ejemplo, sucedió con *¡Suerte, campeón!*), han sido pocos los textos dramáticos de nuestro dramaturgo que no han sido representados. Tales son los casos de *El caracol en el espejo* y *El veredicto*[77], una pequeña pieza en la que se satiriza el lenguaje jurídico en un tono esperpéntico.

Normalmente, es sumamente difícil que en los inicios de la trayectoria de un dramaturgo todas sus obras pasen del texto escrito al escenario. Lo cual no quiere decir que dichas piezas no posean méritos artísticos suficientes para cruzar el mencionado umbral, sino que por diversas circunstancias tal hecho no se consuma. *El caracol en el espejo*, siendo una obra plena

---

Bulzoni, 1978); K. Elam, *The Semiotics of Theatre and Drama* (Londes-Nueva York: Methuen, 1980); Marco de Marinis, *Semiótica del teatro. L'analisi testuale dello spettacolo* (Milán: Bompiani, 1982); André Helbo, *Teoría del espectáculo. El paradigma espectacular* (Buenos Aires: Galerna, 1989); J. Veltruský, *El drama como literatura* (Buenos Aires: Galerna / ITCTL, 1990); Juan Antonio Hormigón, *Trabajo dramatúrgico y puesta en escena* (Madrid: Publicaciones de la ADE, 1991); José Luis García Barrientos, *Drama y tiempo, Dramatología* I (Madrid: CSIC, 1991); P. Pavis, *L'Analyse des spectacles* (París: Nathan, 1996); M.ª del Carmen Bobes Naves, *Semiología de la obra dramática* (Madrid: Arco / Libros, 1997) y la compilación *Teoría del teatro* (Madrid: Arco / Libros, 1997); T. Kowzan, *Literatura y espectáculo* (Madrid: Taurus, 1992) y *El signo y el teatro* (Madrid: Arco / Libros, 1997); Ángel Abuín, *El narrador en el teatro. La mediación como procedimiento en el discurso teatral del siglo XX* (Santiago de Compostela: Universidade, 1997); José Luis Alonso de Santos, *La escritura dramática* (Madrid: Castalia, 1998), etc. Me he ocupado del tema en varios trabajos: *Semiótica literaria y teatral en España* (Kassel: Reichenberger, 1988) y *Literatura, teatro y semiótica* (Madrid: UNED, 1999).

77 Publicada en la revista *Estreno* XI.1 (1985), págs. 6-12 (con introducción de Hazel Cazorla).

de interés teatral (por las novedades y técnicas dramatúrgicas que aportaba, dentro de la esfera del teatro español, al inicio de los años sesenta), quedó relegada al olvido escénico, aunque no a la edición y estudio de sus ingredientes, como han actuado –con acierto, creo– los gestores de la iniciativa que hoy se culmina en este volumen.

Lo cierto es que Antonio Gala, tras su primera obra, cambia de tono y estilo en estas dos obras. En una entrevista con Antonio Núñez, Gala, al referirse al estreno de su segunda obra, *El sol en el hormiguero*, señalaba lo siguiente: "Yo, con *Los verdes campos...* quise dirigirme al sentimiento. Por tanto, manejé conceptos emocionales, un sentido del humor inmediato, personajes asequibles *per se*. Con *El sol...* me dirigí a la razón. Y empleé, como es lógico, razonamientos, un humor más intelectual, una frialdad intencionada"[78]. En efecto, en *El caracol en el espejo* lo racional –lo metafísico, mejor– estará muy presente.

Gala define esta obra como *comedia*, según indica al inicio de la acotación presentadora. Pero tal denominación es preciso concebirla no con el sentido que el canon proporciona a los subgéneros teatrales, sino como entiende esta modalidad de escritura el autor: "Buena parte de mi vida –nos dice– la he consumido en escribir comedias. Siempre me gustó llamar así

---

[78] En la edición de José Monleón, de Antonio Gala, *Teatro* (Madrid: Taurus, 1970, pág. 75).

hasta a los dramas y las tragedias, para no sobrecoger de antemano a los espectadores"[79].

2. ANÁLISIS CRÍTICIO

Los títulos de las piezas dramáticas de Antonio Gala son, en general, muy simbólicos. Frente al título de su primera obra, *Los verdes campos del Edén*, en el que la naturaleza y lo idílico están patentes, los de las dos siguientes piezas están relacionados con el mundo animal: uno, relacionado con los insectos himenópteros, que viven en sociedad, *El sol en el hormiguero* (claro trasunto del humano mundo) y otro, con un molusco testáceo de la clase de los gasterópodos, *El caracol en su espejo.*

¿Por qué este título? La obra está rotulada de esta manera al ser síntesis de la soledad (de la incomunicación) en la que viven los personajes, en general, como constata uno de ellos, la mujer A., al final de la obra:

> A.– No era cuestión de amor. Nunca es cuestión de amor. Era cuestión de tener miedo y estar sola. Sola como un caracol en un espejo.

---

[79] A. Gala, *Ahora hablaré de mí* (Barcelona: Planeta, 2001, pág. 63).

La pieza teatral está estructurada en siete escenas. El número siete, de tantas resonancias míticas y arquetípicas (en siete días se hizo el mundo), una vez más en uso. Pero para que no se interrumpa la atención por parte del espectador de la *parábola alegórica* que el autor propone en la obra, en la acotación inicial se indica: la representación "deberá efectuarse sin intermedio, salvo que el director de escena tenga razones plausibles para introducirlo. La costumbre de hacerlo no es una razón plausible". Para proseguir a continuación: "En una palabra, todos los elementos técnicos visibles e invisibles deben colaborar para conseguir una continuidad sin solución".

Como es bien sabido, la dilatada dramaturgia de Antonio Gala, desde la estructura profunda de su organización estructural, constituye un todo coherente y constante (desde su primera a la última pieza), como al propio autor le gusta indicar: "Yo he escrito siempre la misma obra, con los mismos ingredientes: un escenario oprimente, extrañamente oscuro, alguien que ha perdido la libertad, un factor desencadenante y las situaciones que a continuación se producen. Y luego se construye sobre dos rieles, que son la justicia, esa justicia absoluta que debe permitir a todos los hombres que se cumplan; y la esperanza, que muchas veces no está en mi obra pero que salpica al espectador y le recomienda que salve en la vida lo que en el escenario no ha podido ser salvado"[80]. Veamos algo sobre todo esto.

---

80 Según declaraba Antonio Gala a Maruja Torres, *El País,* 8 de septiembre (1982), pág. 27.

2.1. Un escenario oprimente, extrañamente oscuro...

Como sabemos, el espacio, tanto en la literatura en general como en el teatro en particular, tiene una gran trascendencia como elemento constructivo. El espacio hay que considerarlo como un significante que, a su vez, posee un profundo significado, dentro del hecho teatral[81].

El espacio que se plasma en la trama argumental de *El caracol en el espejo* (muy relacionado con los espacios tanto del montado en el escenario como el de la sala en la que tenga lugar la posible representación) queda claramente fijado, desde el inicio de la obra: "El escenario material de esta comedia consiste únicamente en una cámara de cortinas oscuras". Ya tenemos el marco general, el envoltorio oprimente: cámara (cerrada) con cortinas (oscuras), en la que se van a desarrollar las acciones reflexivas de la obra. Pero para concretar más, este espacio lo llena el dramaturgo de un peculiar realismo.

En primer lugar, reseña el mobiliario (que tan bien tendrá una significación propia): "En la escena existen, desde el principio o introducidos por algún procedimiento (la gran mesa

---

[81] *Vid.* de M. Corvin, "Contribución al análisis del espacio escénico en el teatro contemporáneo", en M.ª del Carmen Bobes Naves (ed.), *Teoría del teatro* (Madrid: Arco / Libros, 1997, págs. 201-228).

de la última escena puede estar abatida y levantarse oportunamente, por ejemplo), los muebles a que el diálogo se refiere: un piano, un escritorio, sillas, una consola, etc.", presente en el escenario de un modo particular con una clara finalidad: "Sería acertado que el mobiliario estuviese, para no distraer la atención, sólo insinuado". Además, "en ciertos momentos –como se nos indica también–, los personajes podrán aparecer o desaparecer con sus propios asientos".

Pero hay un objeto que resalta y adquiere mayor trascendencia en el espacio escénico, como se indica en la acotación introductoria: "A la derecha de la escena, y en primerísimo término, habrá una a modo de cabina de cristal. Levemente iluminada todo el tiempo. Dentro, el Portero, salvo en los pasajes en que interviene, presenciará la representación".

El dramaturgo crea por lo tanto un espacio con un claro objetivo: "Todo debe dar la impresión de realidad", pero no de una realidad cualquiera, sino "de una realidad abstraída". Ahí es donde nos quiere llevar el autor: a enajenarse de los objetos sensibles, no atender a ellos en sí mismos, sino cargarlos de una mayor y simbólica significación. Por ello, *El caracol en el espejo* podemos considerarlo como un texto realista, dentro de lo que en los años sesenta se concebía como *generación realista* (integrada por José Martín Recuerda, José María Rodríguez Méndez, Carlos Muñiz, Alfredo Mañas, Ricardo Rodríguez

Buded, Lauro Olmo, etc.)[82]. Y lo es, porque posee los rasgos de este ámbito teatral, trazados por el propio Gala (¡a quién recurrir mejor!)[83], a quien se le ha querido incluir en la misma. Unos, son *esenciales:* porque hace una reflexión crítica, frente al teatro anterior, muy halagador con la clase dominante, centrándose más en lo social que en lo individual, más en lo intelectual que en lo pasional, está teñida de rasgos *políticos* (lo cual "no significa que sus autores estén especialmente comprometidos con una ideología política determinada [pese a que algunos de ellos sí lo estuviesen], sino irremisiblemente comprometidos consigo mismos y con su propio tiempo"), posee un sustrato *existencial* (al estilo del existencialismo francés) con el "deseo de hacer del teatro un bien común, un arte de participación" y, a la vez, propugnar un didactismo con "un sangrante propósito de enseñanza", pero "no con la didascalia de ayer –moralizante y fabulesca–, sino con la acusación alterada y escatológica de nuestros predicadores del Barroco". Y otros son *formales*: porque los personajes de la obra son arquetipos ("el protagonismo no es individual, es situacional"), poseyendo una técnica sinóptica con una clara voluntad de estilo ("en el que el creador ha impreso conscientemente una forma literaria de acuerdo con el contenido de la obra y con su instinto personal").

---

82 Cf. Al respecto Martha T. Halsey, "La generación realista: A Selected Bibliography", *Estreno* III.1 (primavera, 1977), págs. 8-13.

83 En el volumen colectivo, *Teatro español actual* (Madrid: Fundación Juan March / Cátedra, 1977, págs. 112-115).

Pero hay que matizar algo al respecto. En efecto, *El caracol en el espejo* es una obra que pertenece al realismo, pero a un realismo, como hemos visto, *abstraído*, transustanciado (metafóricamente hablando). De ahí, que sea preciso tener en cuenta la observación que el propio Gala hacía: "Es frecuente que a mí se me incluya en la *generación realista.* Sin embargo, ya al adjetivar, para cada autor, ese realismo se deshace en la práctica una clasificación que más bien es teórica o basada en una simplificación para el estudio. Así se habla del realismo reivindicativo de Olmo, del realismo sensual de Martín Recuerda, del realismo expresionista de Muñiz o del realismo sarcástico de Rodríguez Méndez. En tales denominaciones acaba el adjetivo por alcanzar mayor valor que el sustantivo. Y eso lleva a concluir que más que una generación con coincidencias artísticas o estéticas se trata de una generación con coincidencias éticas"[84]. Gala, por lo tanto, practica en esta obra un realismo muy *sui generis*, en el que lo humano es visto y tratado desde una profunda reflexión ética y una plena voluntad de estilo.

Para fundamentar aún más este *realismo abstraído* (abstracto, alegórico), además de estos objetos y muebles de la cámara oscura, en la acotación inicial se nos indica lo siguiente: "la verdadera escenografía consiste en la iluminación y en los propios personajes". Un nuevo signo, el de la luz –que tanta importancia tiene en la teatralidad actual y que en esta pieza tiene

---

[84] *Ibidem*, pág. 112.

un realce significativo–, se une a otros en el proceso semiósico teatral a la hora de *figurar* espacios: "La luz –se nos indica–, siguiendo a alguno [personaje], abandonándolo, incidiendo en un grupo o en la totalidad del escenario, mudando su intensidad, es el elemento más importante. Ella dará a la representación el tono sinfónico, casi orquestal, perseguido".

La espacialidad coral queda también marcada por otro rasgo escenográfico importante. Me refiero al hecho de que el escenario deba estar unido al patio de butacas, como el propio autor se encarga de establecer: "Sería conveniente que el pavimento formase rampa hacia la embocadura". De ese modo, lo que sucede en el escenario y lo que se contempla desde fuera del mismo se entrelaza de una forma explícita, estando actores y espectadores unidos por esa simbólica rampa.

Queda fijada muy claramente la espacialidad y, por lo tanto, la significación que el autor quiere proporcionarle a la misma, insinuando otros aspectos secundarios a la discrecionalidad del ejecutor artístico de la pieza: "Se deja al criterio del director de escena la posible existencia de desniveles, escalonamientos, etc., que presten movilidad o importancia a la acción".

Con todo ello –como señala el dramaturgo– "todos los elementos visibles e invisibles deben colaborar para conseguir una continuidad sin solución". Y lo que es más, como indicaba

Lotman[85], el lenguaje de las relaciones espaciales, al crear una "imagen del mundo", "se revela como uno de los medios fundamentales de la interpretación de la realidad". Gala practica en esta pieza –como en otras– uno de los recursos más usuales del teatro contemporáneo occidental, al cargar (re-cargar) al espacio de una gran fuerza de significación en su *constructio* dramática.

2.2. Personajes (Alguien que ha perdido la libertad...)

Todos los personajes[86] que intervienen en *El caracol en el espejo* son *dramatis personae* (excepto Una Voz innominada y la Voz de un niño de cuatro años que intervienen casi al final de la Escena Sexta), aunque en la pieza, como señala José Monleón[87], "no hay personaje alguno, entendido psicológicamente", sino que los personajes "son, por un lado, tipos, signos cifras

---

[85] I. M. Lotman, *Estructura del texto artístico* (Madrid: Istmo, 1982, 2.ª ed.º, pág. 271).

[86] Me he ocupado del tema en mi trabajo, "El personaje en escena (Un método de estudio)", en Jesús G. Maestro (ed.), *Theatralia II. El personaje teatral (Actas del II Congreso Internacional de Teoría del Teatro)* (Vigo: Universidade, 1998, págs. 77-108). Cf. además el volumen citado anteriormente, así como Luciano García Lorenzo (ed.), *El personaje dramático* (Madrid: Taurus, 1985); Carlos Castilla del Pino (ed.), *Teoría del personaje* (Madrid: Alianza, 1989), etc.

[87] En su edición de *El caracol en el espejo. El sol en el hormiguero. Noviembre y un poco de yerba* (Madrid: Taurus, 1970, pág. 22).

que representan el comportamiento maquinal y vacío de ciertos *grupos* o *clases sociales*" y, por el otro, "ecos, resúmenes de los habituales procesos de frustración", de los que "el autor, padeciéndolos a todos, es el único que realmente vive y pesa su tragedia". Gala otorga a todos ellos *existencia* dramática, al figurar en el reparto, ser *visibles* a través de la trama en un espacio y un tiempo y poder ser encarnados por un actor (en su caso). Pero son unos personajes *peculiares*, a los que no se les asigna un antropónimo, sino que tienen nombres genéricos con el fin de que el radio de acción del contenido argumental sea más abarcador y simbólico. En unos, la denominación constata simplemente lo genérico: el Portero, la Madre, el Padre, el Ordenancista, la Solterona, la Niña, el Burgués, la Burguesa, el Adolescente y la Vendedora. En otros, se añade algún sintagma especificativo: el Joven *amante*, la Joven *amante*, la Mujer *que vive sola* [88] y –para mayor *inri*– el Marinero *que no ha visto el mar*. Asimismo, hay dos (mujer y hombre) que son más significativos y abarcadores: *A.* y *Z.* (las letras inicial y final del alfabeto), en cuya esfera semántica se pretende simbolizar a los seres humanos.

Personajes que, aunque tengan una *existencia* dramática específica, forman, en conjunto, un coro, todo lo polifónico que se quiera. Estamos, pues, ante una obra coral, en la que la luz –el elemento más importante de la escenografía–, como se

---

88 Llamada Rosamunda (como se indica en la Escena Segunda).

indica en la acotación inicial, al seguir o abandonar a cada uno de los personajes "dará a la representación el tono sinfónico, casi orquestal", como el dramaturgo pretende. Tono orquestal, bajo la batuta del Portero, que se convierte en el personaje *omnisciente* donde los haya que, además de intervenir en desarrollo de la historia, desde su casa de cristal (desde la que ve todo) contempla el desarrollo de la misma, y que algunos críticos han querido verlo como una "simbolización de Dios" –como veremos después– y que yo veo más como un principio regidor y ordenador de la vida humana, sea cual sea la ideología de la que se parta, aunque los hombres no le hagan mucho caso.

Esta denominación y carácter genérico y simbólico de los personajes ha hecho ver a algunos críticos en la pieza influencias de los Autos Sacramentales. Por ejemplo, Phyllis Zatlin Boring[89], al constatar el plano alegórico de la obra, señala que esto conlleva un simbolismo religioso (el Portero, símbolo de Dios, quiere que cada uno de los invitados a la fiesta pongan un ladrillo para terminar la casa y ninguno le hace caso) y, a la vez, constata que posee, además, un "cierto fondo político y social", siendo, esencialmente, "un comentario universal sobre la vida humana", aunque "por su ambiente onírico es surrealista" y "por su temática tiene algún lejano parentesco con el auto sacramental". Nada más lejos de la realidad, por lo que a este último aspecto se refiere, como el propio autor se

89 "Primeras obras. Dos piezas alegóricas", en la introducción a su edición de *Noviembre y un poco de yerba. Petra Regalada* (Madrid: Cátedra, 1981, pág. 39).

encarga de dejar nítido, en la entrevista que le hacía Julián Cortés-Cavanillas[90]: la afinidad entre estas piezas del Siglo de Oro –fundamentalmente– es "la misma que entre el público de entonces y el de ahora: ninguna". Para proseguir luego: "Los espectadores de los *autos* los aguantaban por la consolación que significaba para ellos pensar que, al menos, en la otra vida podrían ser felices. Los espectadores actuales quieren, de momento, ser felices en ésta. Incluso ser felices contemplando la pieza teatral que han ido a ver. Lo cual, como en el circo, es *más difícil todavía*". La pieza hay que relacionarla más con el teatro simbólico y experimental que tanto imperó en el orbe europeo (y en España) durante un periodo del siglo XX.

2.3. Un factor desencadenante y las situaciones que a continuación se producen...

El contenido fundamental de la obra se articula alrededor de la pareja (el matrimonio) A. (mujer) y Z. (hombre), que, como hemos dicho, simbolizan, tanto en su antroponimia como en sus actuaciones, a unos seres humanos que bien podían ser representantes de otros muchos más. Ambos, desde un estado inicial feliz, pasan por diversas y duras situaciones (como veremos luego), para terminar casi en tragedia (como terminan la mayoría de las piezas dramáticas de nuestro autor).

---

[90] En la citada edición de José Monleón, *Teatro* (Madrid: Taurus, 1970, pág. 71).

La obra se inicia (Escena Primera) con la llegada de los invitados a una fiesta (la vida), que tendrá lugar, en una casa del joven matrimonio (A. y Z., recién casados), que aún no está del todo terminada, guardada por un *peculiar* Portero. En la Escena Segunda, entramos, con los invitados (la madre de ella y el padre de él, a la cabeza) y con la luz, en la mencionada casa (símbolo del espacio vital que cada uno transita). Empezamos a conocer el conflicto a través de los *monólogos interiores* (como los denominaríamos si estuviésemos ante un texto narrativo), de los *apartes* (desde el punto de vista teatral) que A. y Z. exponen, para manifestar sus pensamientos, que van enmarcados entre corchetes en el texto escrito y que deberán *decirse* en la representación con una distinta entonación (como el dramaturgo indica en una acotación): el distanciamiento y la incomunicación entre la pareja son cada vez más manifiestos. He aquí el factor desencadenante: el amor se va apagando y los dos seres tan unidos irán separándose cada vez más.

Las situaciones que a continuación se producen, por lo que respecta a esta simbólica pareja, son negativas y un tanto trágicas: el desamor, la muerte del hijo, el embargo de la casa, el frustrado final (que no adelanto, como es obvio, para no disminuir la curiosidad del lector)[91]. Sabemos por A. que, pese a la de la resignación a seguir viviendo juntos, tanto ella como Z. están muy solos:

---

[91] Un estudio de estos y otros aspectos de esta obra puede encontrarse en el volumen de Isabel Martínez Moreno, *Antonio Gala, el paraíso perdido* (Madrid: CSIC, 1994, págs. 129-150).

> A.– [Ahora estoy sola. Nadie está tan solo. Me miro las manos a ver si me ha crecido verdina de lo sola que estoy. Y él [por Z.] también está solo. Huele a humedad cuando anochece. Pero ni él ni yo estamos nunca juntos a solas. Ni siquiera podemos estarlo. Y ni siquiera sabemos por qué. Nadie está tan solo.] (Escena Segunda).

Esta soledad de la pareja viene arropada por la soledad, en general, del resto de los personajes (salvo la de los más jóvenes y Niña[92]): la Madre (de ella) –viuda–, el Padre (de él), la Mujer *que vive sola*, la Solterona, el Marinero *que no ha visto el mar*, el Burgués y la Burguesa, el Ordenancista, etc., como se nos indica en el mismo parlamento de A.:

> *(Sobre un silencio, la luz recorre a los* INVITADOS*, de uno a otro. Todos se han detenido en un gesto de su conversación, aislados, mudos. A. se vuelve hacia ellos.)* [¿Y qué que los demás estén también solos? Eso no arregla demasiadas cosas.] *(Murmullo de los* INVITADOS*, leves, que crecen y se transforman en una conversación enloquecida y sin objeto, mientras los personajes avanzan entre A. y Z. gritando.)* ¡Alguien debe tener la culpa de esto! *(Una carcajada colectiva. Un brusco silencio.)*

---

92 *Vid.* al respecto el trabajo de David Kirsner, "The function of the Children in three Representative Plays by Antonio Gala", en J. Cruz Mendizábal (ed.), *El niño en las literaturas hispánicas* (Indiana: Indiana University Press, 1978, vol. II, págs. 235-248).

A lo que replica el PORTERO:

> Si ellos quisieran. ¡Ay, si de verdad ellos quisieran...! (Escena Segunda).

Y un poco más tarde, éste, al ver los juguetes desparramados por el suelo tras la muerte del niño, se dirige a ellos diciéndoles:

> Os habéis quedado solos. Vosotros sí que os habéis quedado solos. Y tan inútiles ya. Es igual. Ellos [por los personajes de la obra] están jugando ahora también. Unos con otros, siempre, sin descansar. A amarse, a no amarse, a estar solos (Escena Cuarta).

Para salir de esta soledad, insolidaria siempre, los personajes recurren a diversos procedimientos. Uno, estableciendo, según se hace en el texto de nuestra pieza teatral, que los invitados sean un casi doble de A., como señala Hazel Cazorla[93]: "Los invitados a la fiesta [menos la Madre, sobre todo] apenas se comunican con los anfitriones A. y Z., dialogando entre sí, aparte, como si existiera otro nivel de conciencia, evocando para A. y Z., que los contemplan, distintos momentos de

93 Hazel Cazorla, "Antonio Gala, ¿un vanguardista arrepentido?", *Estreno* XII.2 (1986), págs. 25-28.

un pasado o de un futuro igualmente irreales". Y pone dos ejemplos característicos: "A. Se ve desdoblada en la actuación de una serie de tipos femeninos: Niña, Joven, Mujer-que-vive-sola, Burguesa, Solterona; igualmente se personifica la intimidad de Z. En otra serie masculina: Joven, Burgués, Ordenancista, Marinero-que-no-ha-visto-el-mar", concluyendo que "el concepto de la cronología lineal se borra, al mismo tiempo que se esfuma cualquier intento de definir la personalidad humana".

Otro procedimiento utilizado será el de recurrir el personaje a la trayectoria individual propia. Por ejemplo, A. se ampara en situaciones imaginarias. Una, la más a mano, que consiste en añorar la infancia perdida:

> Pude haberme quedado en lo que era: una niña feliz. Un gatito que juega y mira todo. Que se deja acariciar y luego se olvida. Porque eso es un niño. No padece [...] Empiezo a pensar que ni entonces ni después he amado a nadie. No se ama a nadie. Me amaba a mí sola...] (Escena Tercera).

Otra, pensar en lo que pudo haber sido y no fue tanto profesionalmente (actriz) como vivencialmente (besos y baile ardoroso con el Adolescente), según se indica en la Escena Quinta. Y finalmente (Escena Séptima), que el lector podrá ver (leer) por sí mismo...

El resto de los personajes adultos, encerrados en sí mismos, saldrán también de su soledad e incomunicación por medio de diversos procedimientos: la Solterona pensando siempre en casarse, la Mujer *que vive sola* anhelando compañía, el Marinero deseando ver el mar, etc. Todos buscan una válvula de escape... una vía de realización. Pero, a la postre, terminan recluidos en su caparazón, como el caracol, mirándose a sí mismos en un espejo...

2.4. Al final, esperanza.... (intuida)

Las piezas teatrales de Gala, como enunciamos anteriormente, se construyen "sobre dos rieles, que son la justicia, esa justicia absoluta que debe permitir a todos los hombres que se cumplan [se realicen]; y la esperanza, que muchas veces no está en mi obra pero que salpica al espectador y le recomienda que salve en la vida lo que en el escenario no ha podido ser salvado". En efecto, tanto A. y Z., como los invitados a la fiesta (la existencia humana), viven y terminan sus vidas como por justicia merecen. Resultan ser lo que se han ganado, lo que les "corresponde o pertenece", según la primera acepción de justicia que aparece en el *Diccionario de la Lengua Española* de la RAE.

Aunque en la obra la desesperanza, la soledad, la incomunicación reine en los personajes –ya hemos devorado nuestra estúpida ración de esperanza", señala A. en la Escena Séptima– y termine del modo más desolador una vez que el Portero dirigiéndose a la Vendedora, proclame:

Es la hora, amiga mía. Es la hora. Ya estás completamente sola. Se han ido todos. La fiesta ha terminado.

Sin embargo, el dramaturgo, como en tantas obras suyas, recurre a uno de los procedimientos empleados en los finales de las mismas. *El caracol en el espejo*, en consecuencia, al ser más una pieza reflexiva que de acciones, se presta a no tener un final cerrado y claro, en el que se vislumbre una luz al final del túnel. Una vez más, la esperanza en un mundo mejor no está explícitamente manifiesta, sino que ésta sigue los dicterios, tan magníficamente expuestos por Umberto Eco, de la *obra abierta*: "muchas veces –señala el autor– no está [la esperanza] en mi obra pero que salpica al espectador y le recomienda que salve en la vida lo que en el escenario no ha podido ser salvado". Finalidad pretendida y conseguida también en este caso.

Antonio Gala, al tratar en esta pieza dramática, como en tantas otras, de la soledad, de la incomunicación, de la libertad, del amor, de la esperanza en un mundo mejor, etc. no lo hace desde la postura de un realismo comprometido (como el teatro de Buero Vallejo ponía en evidencia) o desde el conformismo del teatro burgués (como se daba en la teatralidad de Alfonso Paso), sino desde la perspectiva un tanto metafísica que analiza la existencia del ser humano, sazonada siempre con ingredientes de reflexión profunda, competente escritura y sutil humor.

Ni que decir tiene que tanto en esta obra, como en *El sol en el hormiguero*, Gala adopta una postura vanguardista a la hora de la construcción teatral, como reconoció la crítica desde su aparición. Por ejemplo, José Monleón[94] afirmaba al respecto: en la pieza "hay una liberación espacio-temporal y de ruptura permanente en la escena, tomada del teatro vanguardista" con "un ritmo dramático" y "unas situaciones que se van consumiendo ante los ojos del espectador, pero ordenadas siempre en función de las exigencias poéticas y metafísicas de Gala".

Se ha dicho –la mayoría de las veces con razón– y lo ha expresado en numerosas ocasiones nuestro autor que escribe "para la gran mayoría" (que, a su vez, en España, constituye una *inmensa minoría*, a la que se refería Juan Ramón Jiménez). Pues bien, como toda regla tiene su excepción tanto en esta su segunda obra escrita, *El caracol en el espejo* –sobre todo–, como en la segunda pieza estrenada –la tercera en el orden temporal de escritura–, *El sol en el hormiguero*, Antonio Gala adecúa el tono reflexivo profundo a un lenguaje y técnicas dramáticas plenas de un mayor vanguardismo y complejidad. Esta dirección, aunque más atenuada, se seguirá un tanto en *Noviembre y un poco de yerba* y cambiará en *Los buenos días perdidos,* que, a su manera, vuelve a conectar en algunos aspectos (poesía, ternura, humor, etc.) con su primera obra, *Los verdes campos del Edén.* De ahí, el acierto y la oportunidad de editar de nuevo esta pieza teatral (no muy conocida), plena de simbolismo y de buen *quehacer* teatral...[95].

---

94 En la edición de José Monleón, *Teatro* (Madrid: Taurus, 1979, pág. 22).

95 Publicado como "Análisis crítico", en Antonio Gala, *El caracol en el espejo* (Madrid: Sociedad General de Autores y Editores, 2003, págs. 99-116; Colección *Teatrohomenaje*, n.º 7).

Carmen Carmen

1. TEATRO MUSICAL

Carmen Carmen es una pieza musical, o mejor una pieza teatral con música, por predominar el texto recitado sobre el cantado. El cultivo el género no es nada nuevo en la trayectoria dramatúrgica del cordobés –no nacido en Córdoba, sino en Brazatortas, pueblo de Ciudad Real, en 1930: no se es de donde se nace, sino de donde uno quiere ser, como señalaba el autor–. Ahí están, por ejemplo, obras como *Spain's strip-tease* –estrenada en el café-Teatro King Boîte, de Madrid, el 18 de diciembre de 1970, con música de Alberto Bourbon– o las no llevadas a los escenarios como *¡Suerte, campeón!* –que iba a ser dirigida por Adolfo Marsillach e interpretada por la cantante Massiel, y que fue prohibida por la censura quince días antes de su puesta en escena– y *La Petenera.*

El género teatro–musical no quita seriedad y profundidad a la pieza que lo usa, ya que, como reafirma el escritor en la orientación para el montaje de *¡Suerte, campeón!,* "lo divertido no es lo contrario de lo serio, sino de lo aburrido". Además, hay que señalar que la presencia del canto en toda la obra dramática de Gala es constante e importante, ya que "la primera manifestación de cualquier minoría es la canción" *(TP,* 115)[96]. Y en el teatro del autor de *Samarkanda* las minorías tienen constatado y notable relieve.

En la España de los setenta los espectáculos teatro-musicales tuvieron cierto auge, como, por ejemplo, aquella famosa *Castañuela 70* del grupo Tábano. Pero también –quizá– pudo influir en Gala un viaje a Estados Unidos, como nos cuenta en una entrega periodística, fechada el 29 de junio de 1974: "Y en Nueva York he visto, por no citar nada de más envergadura, dos musicales. En uno –*Pipin*– se toma a chacota toda la magnitud de Carlomagno y se deja al final –desnudo, sin luces, sin colores, sin música ni historia– a un pobre ser humano con su mujer y su hijo. En el otro musical –*Cándido*– se interpreta toda la gracia y la malintención y la amargura y el descreimiento y la decepción y la profunda serenidad a cuerpo limpio de Voltaire como ni en Francia se podía haber hecho mejor" (*TP,* 220-221).

En 1976, en una entrevista con Patricia W. O'Connor[97], que conversó con varios escritores teatrales de la llamada *generación realista*, afirmaba Gala lo siguiente: "Sí, creo que las dos comedias mías que van a estrenarse el año que viene tienen música. *Carmen Carmen* es absolutamente musical, respondiendo a los

96 *Texto y Pretexto* (Madrid: Sedmay, 1977). En adelante *TP.*

97 Aparecida en *Estreno,* II, 2 (1976), págs. 27-28.

patrones tradicionales Es, por supuesto, un teatro satírico y crítico; quizá de los más fuertes. Tanto es así, que he necesitado el apoyo de la música para endulzar un poco la crítica que se hace. La otra obra es *¡Suerte, campeón!* obra que ya tiene la luz verde y parece ser que se va a poder hacer este año. Lo hará Adolfo Marsillach. También tiene música". Pero ni la música, ni nada, sirvió para que la obra tuviese problemas con la censura[98].

En la citada entrevista, al preguntársele si había tenido problemas con ésta, respondía: "¡Toda la vida!". *¡Suerte, campeón!* estaba prohibida hasta hace muy poco tiempo. *Carmen Carmen* también estuvo prohibida. El productor ni quiere hacer la reposición de una obra que fue estrenada –mi segunda obra– con ochenta y tantos cortes, algunos de folio o folio y medio. Se llama *El sol en el hormiguero.* A los quince días fue retirada de cartel".

---

[98] Me he ocupado más extensamente del teatro musical galiano en "Antonio Gala y la música", en Isabel Martínez Moreno (ed.), *Antonio Gala. Eterno y de cristal* (Sevilla: Junta de Andalucía / Consejería de Cultura / Centro Andaluz de las Letras, 2016, págs. 143-149; Catálogo de la exposición *Autor del año 2016*). Incluido en el capítulo 16, "Teatro y música: el caso de Antonio Gala", de mi libro, *Teatro de ayer y de hoy a escena* (Madrid: Verbum, 2020, págs. 363-389). *Vid.* además de José Romera Castillo (ed.), *Teatro y música en los inicios del siglo XXI* (Madrid: Verbum, 2016).

2. ALGUNAS CLAVES DE LA OBRA

En la citada entrevista con Patricia W. O'Connor[99], Gala nos va proporcionando algunas claves de *Carmen Carmen.* "Yo tenía –nos dice– desde siempre mucho deseo de tratar ese mito femenino que es Carmen frente al mito masculino, que es don Juan, ambos muy tratados en el extranjero, y el don Juan naturalmente antes por los españoles. El mito de Carmen, sin embargo, siempre ha sido tratado por los extranjeros y nunca por los españoles". En efecto, la ópera cómica *Carmen,* del compositor francés J. Bizet, con letra de Meilhac y Havely, basada en la novela de Mérimée y estrenada en 1875, se lleva la palma del éxito de nuestra tonadillera, cigarrera de Sevilla. La figura de Carmen está últimamente de moda: ahí está la película de Saura o el ballet de Antonio Gades. El mito de Carmen, tan enraizado en lo español, será uno de los tópicos que dará la vuelta al mundo. La protagonista de la obra, en su primera intervención, al dirigirse al público constata el hecho:

> Yo sé que esto es un tópico. Ustedes son modernos: no les gustan los tópicos. Pero los hay Yo misma soy uno, qué le vamos a hacer. Y casi todo lo que hay aquí, también. Uste-

---

[99] Aparecida en *Estreno,* II, 2 (1976), págs. 27-28.

des, los primeros. Son el tópico del público de teatro... No tenemos nada que echarnos en cara.

España es un país favorecedor de los tópicos, y ante ellos el autor de *Los verdes campos del Edén* adopta una postura: "Tengo cierta afición –nos dice– a discurrir por dos caminos inversos de dialéctica: uno, la desmitificación, y otro, la redención del tópico. En el tópico existe siempre una almendra de verdad. Es la reiteración de esa verdad la que acaba por transformarla en un lugar común. Y, por común, un lugar no tiene por qué ser despreciable. Ni todos los mitos son dignos de respeto, ni todos los tópicos son dignos de desdén" (*PM*, 298)[100]. Esto es lo que hace Gala en esta obra: redimir a Carmen del tópico; y frente al don Juan –"gallardo y calavera: cinegético más que enamorado" (*TP*, 234)– nos dibuja una dinámica Carmen Carmen que revienta de amor por doquier y que se rebela contra una sociedad ortopédica y falsa que la rodea. Ni que decir tiene que el escritor se muestra más partidario de ésta que del mítico calavera, como lo reafirma en la referida entrevista: "Yo me he acercado mucho a ella. Se llama Carmen también de apellido. El nombre se repite para que sea más Carmen que nadie"; y como la protagonista se encargará de subrayar en la canción "Carmen Carmen", cuando José le pregunta su nombre y apellido, casi al inicio de la obra.

---

[100] *En propia mano* (Madrid: Espasa-Calpe, 1983). En adelante *PM*.

El núcleo semántico y argumental de la obra lo realizaba el propio Gala en la entrevista con Patricia O'Connor: Carmen "significa la alegría de vivir a la que matan y sacrifican todos los amantes va teniendo. Pero naturalmente, ella sigue viva hasta el final, hasta que la metan en la cárcel con todos los que han matado a Carmen y se ha dado cuenta de que ha preferido el éxito, el dinero, el poder, orden, al amor y a la vida que significa Carmen".

Para Carmen Carmen *la alegría de vivir es todo, todo, todo;* de ahí el estribillo que se reitera en la canción con la que termina la primera parte: *¡Alegría!¡ ¡Alegría! / ¡Hemos nacido para la alegría!* Ella está en el mundo para dar la alegría y lo que verdaderamente le importa es *ser de verdad alegre, y poner a la vida por encima de todo.* Pero *la alegría no es nunca solitaria; tiene que compartirse,* como la protagonista nos recuerda, por lo que ella no sólo quiere vivir su propia vida, poniéndose a todos los obstáculos por montera, sino que se empeña, también, en que los demás hagan lo mismo, sin traicionarse, porque *quien no vive su propia vida es peor que si estuviese muerto.* He aquí la pregunta que lanza al público en su primera interpelación a éste: *¿Puedo yo tener una vida diferente de la que los demás quieren que tenga, o no me dejarán?* Al final de la trama sabremos que no la dejarán hacerlo.

Carmen Carmen es una seductora en todas sus manifestaciones. Sobre la seducción versa una entrega periodística dirigida a la Dama de Otoño (*CD*, 375-378)[101]. En ella, Gala, frente a la definición del diccionario de la Real Academia Española –seducir es "engañar con maña, persuadir suavemente al mal, o embargar y cautivar el ánimo"–, con la que no está muy de acuerdo, propone esta otra: "La verdadera seducción es un gesto moral o inmoral, pero anímico –por tanto, sobre lo físico– y activo –por tanto, modificador de la realidad–. La verdadera seducción es una estrategia, aspire a lo que aspire, aunque no aspire a nada fuera de sí misma". Según la tipología de seductores que nuestro autor distingue, Carmen con sus amantes es una seductora inconsciente por su gran belleza; lo es también semiconsciente, por el ejercicio de su encanto; y asimismo es seductora consciente, por poseer las características de la verdadera seducción, según hemos visto en la definición propuesta por el escritor. La seducción de nuestra protagonista nada tiene que ver con el prototipo del seductor constante –aquel que "so pretexto de seducir a alguien, se seduce a sí mismo, se autocomplace, solicitado por una perenne necesidad de afirmación"– o del seductor circunstancial, personificado por don Juan, quien, "más que en el placer que el cuerpo rendido le ofrece, y más que en el placer del abandono, halla su gratificación en el hecho mismo –efímero y renovado– de seducir. A alguien concreto, sí, pero además meticulosamente elegido. Se trata de un coleccionista, que conoce muy bien el valor

---

[101] *Cuaderno de la Dama de Otoño* (Madrid: Ediciones *El País*, 1985). En adelante *CD*.

acumulativo de la seducción y se fija metas cada vez más arduas". Carmen seduce, desde su moral, desde su ética hedonista y placentera, anímica (por no detenerse en lo físico) y activamente (por intentar transformar a sus amantes: que sean, en verdad, ellos mismos).

Pero Carmen, como una heroína trágica va a ser una seductora momentánea y, a la postre, una perdedora. Su espíritu libre y decidido no encaja –no puede encajar– en una sociedad ortopédica y falsa, que le importa más el orden social, el poder político, la religiosidad y el éxito y el dinero que el amor y la vida. Sus cuatro amantes (el militar, el político, el religioso y el torero) serán seducidos momentáneamente, pero al final volverán al orden constituido y asesinarán a ese espíritu utópico y libertario. De un modo transitorio, se han enajenado, han puesto su ánimo en función de la protagonista, han abdicado de sus convicciones –ellos pensarán después que han enloquecido– rotundamente; pero, ay, son llamados todos al orden y la espita de la libertad gozada es férreamente cerrada. Los cuatro han tenido, pasajeramente, una *manera de actuar* y han vuelto a su originaria *manera de ser,* ya sea por alienación –más presente en el texto– o por propio interés.

La elección de estos cuatro amantes en modo alguno es arbitraria o caprichosa. Cada uno de ellos representa un estamento o prototipo muy enraizado con la realidad española –sobre todo– de entonces –y de todos los tiempos–, a los que Gala zahiere y critica sarcásticamente. Ni que decir tiene que estas *figuras* –término del agrado de los entremesistas de nuestro Siglo de Oro, con los que tanto conecta el escritor– se nos presentan, siguiendo el planteamiento dicotómico protagonista (positivo) *versus* antagonistas (negativo). Aunque las simpatías del autor se decanten por la figura de Carmen, el efectismo de ofrecer muy esquemáticamente la personalidad y la actuación de los cuatro amantes no tiene otra finalidad que la de captar con más fuerza la simpatía –en el sentido primigenio del término– de los receptores –el público de su teatro; no los eruditos o los críticos– con el argumento y el mensaje libertario del relato puesto en escena o en el texto de la obra.

Gala pone en solfa a estos cuatro prototipos tan españoles ellos. Su teatro –según la clasificación dicotómica de Alfonso Sastre[102]–, además de mercantil –respecto a ello será el público con su asistencia el que lo defina–, es de ruptura, al menos con los parámetros ideológicos imperantes en la España de aquellos días, señalo yo. El mejor modo de confirmar este aserto lo tendrá cada lector / espectador al terminar de leer / ver la representación de *Carmen Carmen.*

José –el primero de los amantes–, sargento y para mayor inri vasco, representa el estamento militar y su obsesión fundamental es el mantenimiento del orden público. El Corregidor, amante de la ascensión a costa de todos y de todo, simboliza el

---

[102] El dramaturgo, en un punzante y discutible artículo "¡Antonio Gala abandona el teatro!", publicado en *El País* (3 de septiembre, 1987, pág. 15), sostenía que en el teatro español del siglo XX se podían distinguir dos corrientes: una *mercantil* (Benavente, Casona) y otra de *ruptura* (Azorín, Valle-Inclán y Sastre).

poder político, mediatizado por los poderes fácticos que también para mayor inri, en este caso, es socialista –el receptor no tiene que ser muy perspicaz para desvelar la crítica que Gala se propone–. El hermano Juan, desenfrenado y casi antropófago al descubrir el sexo, representa esa otra columna, la de la Iglesia católica que, junto con la militar –como se pone de manifiesto en *Los buenos días perdidos*–, han sustentado la historia española –"España, por tradición histórica se ha visto casi siempre coartada en sus actuaciones. Cuando ha querido moverse, de un pie la ha sujetado un militar, y del otro pie un cura" *(PM,* 390)–. Y Curro Donaire, el torero, narcisista donde los haya, es el botón de muestra de un machismo exacerbado que, a la postre, viene a resultar homosexual. Los cuatro, tras un momento de goce efímero, terminan matando a Carmen. Su liberalidad –en el más estricto sentido– no encaja en la asfixiante y ordinaria maquinaria de la sociedad establecida.

Pero ella, pese a todo y a pesar de haber vivido varias vidas, sigue viva, más viva que nunca. Y su parábola la hace extensible al público receptor:

> Tienen razón los catalanes, que de eso saben la tira: "viu més el que piule qu'el que xiule", lo que quiere decir que vive más el que pía que el que silba. Yo he debido ser una locomotora. He hecho tanto que no sé si me quedará algo por hacer. Quizá, gárgaras. Pero terminaré lo que he empezado, aunque no sepa cómo... ¿Se acuerdan ustedes de aquella preguntita del principio?: ¿Podría yo –o usté, o usté,

> o usté–, podría yo vivir una vida distinta de la que quieren los demás que viva? Harta estoy. Me he muerto cuatro veces –que tiene tela marinera: hay quien con una sola no levanta cabeza– y nadie, ni uno de ustedes, se ha tomado el trabajo de decirme siquiera "Dios te ampare". Qué hijos de la gran puta estamos hechos todos, hijos míos... Yo no sé cómo sois. No os entiendo. No paráis de moveros. Pero ¿cuándo vivís? Vais con vuestros encargos de un lado para otro como hormigas chifladas. Aparcáis, si podéis, destrozando la acera o el coche del vecino. No veis atardecer, ni los niños que cruzan, ni las ramas verdes que menea la vida. Yo no os entiendo. Debéis de estar tan locos como cabras. Más que cabras, porque yo he sido cabra y no os entiendo.

Pero la cosa no termina ahí. Ante las verdades del barquero que canta Carmen Carmen, el autor, siguiendo el procedimiento de introducir el teatro dentro del teatro, hace intervenir a unos espectadores como *dramatis personae,* los cuales recriminan a la protagonista su comportamiento tan libertario, terminando ésta en la cárcel, en la que se encuentra con sus anteriores amantes. El final no podía ser más negativo como suele ser recurrente en la trayectoria dramática de Gala, con el objetivo de que los destinatarios vean en el escenario lo que en la realidad finalmente sucede y así tomen mayor conciencia del ideario puesto de manifiesto en la textura de la pieza. Solamente queda, en lontananza, la esperanza. La esperanza en un mundo y en un hombre nuevos, hacia los que Carmen Carmen, como el flautista de Hamelín, nos conduce.

La obra, en suma, es una desmitificación de este personaje tan español –como el mito de don Juan– en la que, además, se realiza un canto a la libertad.

La obra, además de estos núcleos semánticos, tiene una organización bien planificada y estructurada. Sus artificios –eso es el arte: no lo que se dice, sino la forma en que se dice, en palabras de Sartre que tanto gusta de repetir nuestro autor– dan una complejidad y un ritmo muy cinematográfico a la trama. La pieza se inicia en una cárcel y termina en ella. La estructura circular está claramente manifiesta. Mientras que en su interior se construye la *historia* del relato, no de un modo lineal –aunque los cuatro amores vayan seguidos–, sino de un modo fragmentado, recurriendo a una serie retrospecciones o prospecciones que adquieren un papel muy destacado y en las que la luz –como en todo su teatro– va a tener un protagonismo muy importante. Para completar esta complejidad constructiva, hay en la pieza interpelaciones directas al público –de corte brechtiano– o el recurso de introducir el teatro dentro del teatro que aparece al final.

En cuanto al estilo, de nuevo Gala da muestras de su agilidad de pluma. Su espontaneidad, su frescura, su popularismo, su hábil dialéctica sarcástica y humorística, su utilización exacta del sentido de las palabras, su juego con ellas, su adaptación al alma de cada personaje, hacen que la obra tenga una tersura y vivacidad dignas de ser resaltadas, así como una alta competencia literaria. La brillantez del verbo del creador de *Carmen Carmen* reviste y recubre, con una riqueza inconmensurable, el cuerpo de ideas presentado en el texto para disfrute, gozo y, a veces, hilaridad de su público. Los ingredientes del festín están preparados y servidos. Ahora falta que cada uno de los lectores / espectadores los deguste, según los dicterios de su *paladar*.

Carmen Carmen es una pieza teatral que enriquece la trayectoria dramática de nuestro autor. Pero, pese a este aserto, es una obra que encaja perfectamente en el marbete de su teatro pleno de unidad dentro de la diversidad argumental. *Carmen Carmen* es una pieza poética –entendiendo por poesía lo que la *poieses* platónica significaba: "una vía de conocimiento, no de expresión", "ese líquido que toma la forma de la vasija en que se vierte"–; lo es también política –en el sentido primogénito del término– por estar muy enraizada con la realidad española; que sigue los parámetros satíricos y críticos, en este caso edulcorados por lo musical; y que está protagonizada por un personaje femenino –"los sentimientos que caracterizan al ser humano logran, en el alma femenina, una floración y una cosecha especialmente luminosas y visibles" (*PM,* 255)–, como en el teatro de Federico García Lorca o en tantas otras piezas dramáticas del autor de *Petra Regalada.*

Dicho de otro modo y con sus propias palabras: "Yo he escrito siempre la misma obra: un escenario oprimente, extrañamente oscuro, alguien que ha perdido la libertad, un factor desencadenante y las situaciones que a continuación se producen. Y luego se construye sobre dos rieles, que son la justicia, esa justicia absoluta que debe permitir a todos los hombres que se cumplan; y la esperanza, que muchas veces no está en mi obra, pero que salpica al espectador. y le recomienda que salve en la vida lo que en el escenario no ha podido ser salvado"[103].

Carmen Carmen estaba escrita unos años antes de su estreno. Sabemos, por testimonio de su autor, que tuvo una oportunidad de oro –nunca mejor dicho– para salir a la luz pública en 1978, aunque estuviese escrita con anterioridad. En las charlas con su perro Troylo, al referirse, en una de las entregas, en 1980, a la mala política cultural y, sobre todo, teatral del Ministerio de Cultura, escribía Gala lo siguiente: "Hace un par de años renuncié a veinte millones de pesetas que otorgaron a mi comedia musical *Carmen Carmen,* para ser representada en el Teatro oficial de la Zarzuela y recibir un limitado número de representaciones. (Con lo cual, una vez más, sólo unos pocos espectadores –Y de Madrid esos pocos– podrían presenciarla, pero sus localidades estarían abonadas por el resto de los contribuyentes.) Propuse a mi vez al ministerio que, dado que todos nos apretábamos el cinturón, se lo apretara también *Carmen Carmen,* y se promoviese una versión doméstica, portátil, de cámara, que llevasen dos o tres compañías hasta pueblos que jamás hubiesen visto teatro, ni musical ni de verso. Pero tal propuesta,

---

[103] Declaraciones a Maruja Torres, con motivo del estreno, en Bilbao, de *El cementerio de los pájaros,* en *El País*, 8 de septiembre (1982), pág. 27.

ya mediocre y sin brillo, no interesó a la oficialidad, claro es" (*ChT,* 203)[104].

El proyecto, pues, desestimado y arrumbado por tan peculiar causa, se resucitó, afortunadamente, después, quebrando un tanto la anunciada infidelidad del escritor con el teatro para solazamiento de sus seguidores y fastidio de sus detractores, que también los había –y los hay–. Gala sacó la obra del cajón de su mesa, tras darle algunos retoques y ponerla al día, para entregarla a sus lectores– con mi edición– y a los espectadores –con su puesta en escena–.

En efecto, la obra se estrenó el 28 de septiembre de 1998, en el teatro Calderón de Madrid, interpretada por Concha Velasco, con música de Juan Cánovas. Le deseaba, entonces, al escribir el prólogo a la edición de la pieza y antes de su estreno, mucha *¡Mierda!* –esa mágica palabra, tan ritual y cargada de sentido en los estrenos para las gentes de teatro–. No hizo falta, porque el éxito de público fue inmenso, al permanecer en la cartelera madrileña hasta principios de 1990 y hacer una larga gira por otras capitales de la geografía española.

Con esta obra asistimos, o mejor, somos "testigos presenciales de un parto, quizá no prematuro, pero sí difícil". Se nos entrega "una criatura no bien lavada aún, pero estremecida, espontánea, temblorosa, viva", como el mismo Gala reconoce. Y eso es lo que importa a los receptores. "Si esa criatura recién

---

104 *Charlas con Troylo* (Madrid: Espasa-Caklpe, 1983). En adelante *ChT.*

nacida –continúa– debe desarrollarse y crecer, es cosa de los espectadores. Porque igual que el teatro es el trasunto y el espejo de la sociedad, los espectadores han de ser espejo del teatro... El público sin prejuicios, sin obligaciones de formular críticas, sin planteamientos de acertijos; el público corriente que va, con sencillez, a escuchar, a emocionarse, o a reírse, o a sonreírse; el público que, sin esfuerzo, se identifica con los personajes y los sigue, y los completa, y los compadece, es el auténtico *respetable*" (*ChT*, 300). Objetivos que consigue plenamente el dramaturgo con esta salida al ruedo teatral.

Pero también, para terminar, recordaré a los receptores de esta pieza –y de otras– que no olviden aquellos versos de Keats: *¿Dónde están los cánticos de la primavera? Ay, ¿en dónde estarán? / No pienses más en ellos: tú tienes tu música también*[105].

3. PALABRAS PREVIAS DE ANTONIO GALA

Reproduzco a continuación las palabras previas puestas por Antonio Gala al inicio de la edición de *Carmen Carmen* con el fin de orientar a los receptores la esencia de la obra:

---

105 Se recoge parte del prólogo de mi edición de *Carmen Carmen* (Madrid: Espasa-Calpe, 1988, págs. 9-44).

Más que ningún otro texto mío, CARMEN CARMEN se entrega ciegamente a la voluntad de sus destinatarios. CARMEN CARMEN –en el fondo, como su protagonista– será lo que ellos quieran ver en ella: un modo sonriente e irrespetuoso de contar y cantar las verdades; mi homenaje al más divulgado mito español femenino; la oportunidad para el lucimiento de una actriz tan versátil como profunda; la exposición de la más enconada tragedia de los seres humanos. Porque, nacidos para la felicidad, hemos transformado, a causa de nuestras menudas ambiciones, el mundo, previsto como un valle de gozo, en un valle de lágrimas. Nos mueve, más que el jubiloso cumplimiento de nosotros mismos, el ansia de dinero, de poder, de difusas espiritualidades, de una gloria aún más difusa, o de un incomprensible concepto del honor. Los hombres, desde hace siglos, vienen asesinando su propio destino de alegría. Si a la alegría de vivir se la personificara, cada uno tendríamos más de un cadáver dentro del armario. No otra es la razón de la angustia humana, que teme lo mismo que desea, y mata lo que añorará (págs. 45-46).

ANTONIO GALA

LAS MANZANAS DEL VIERNES

1. PARA EMPEZAR

Antonio Gala, un hombre aparte[106]. Así titulaba José Infante sus conversaciones con el escritor, al modo de secuencias cinematográficas, que constituyen una auténtica semblanza –de muy aconsejable lectura para conocer de primera mano el retrato de nuestro peculiar personaje–, remedando la cita que aparece al frente de la biografía de Erasmo de Rotterdam, escrita por Stefan Zweig, al que alguien define como "un hombre aparte". Un título bastante exacto –"Sí, creo que es lo que mejor me define. Yo siempre he estado aparte de todo"–, si lo consideramos como un hombre *diferente, distinto, singular* –único, solitario solidario, retraído, alejado de las pompas del mundanal ruido social: "Yo he sido siempre un francotirador, un francotirador en todos los sentidos, que he estado siempre aparte"–, que, como en la representación teatral, emplea el recurso del *aparte*, para comunicar algo hablando para sí o con otros personajes a quienes se dirige, suponiendo que no lo oyen los demás (los que no quieren oírle, en este caso) –como rezan dos acepciones del *Diccionario* de la Real Academia Española–, y que en modo alguno está alejado, separado, tanto de la vida como, sobre todo, de la literatura y del teatro.

[106] Madrid: Espasa Calpe, 1994.

Pinceladas biográficas que pueden completarse con diferentes estudios sobre su prolífica y dilatada obra, muy especialmente la teatral[107], de la que también he tenido la oportunidad de examinar en diversos trabajos[108], a los que remito al interesado (y erudito) lector.

Destacaré que Gala, en estos últimos años, no ha estado centrado exclusivamente en la creación teatral, sino que ha incursionado en otros géneros literarios, de los que pondré un ejemplo señero. Unas veces, recopilando textos poéticos (sobre todo *Poemas de amor*[109], el libro más vendido en la Feria del Libro

---

[107] La bibliografía sobre el teatro de Antonio Gala es muy abundante. Además de los numerosos artículos, reseñaré, entre otros, los siguientes títulos: Fausto Díaz Padilla, *El teatro de Antonio Gala* (Oviedo: Universidad, 1985) y *El habla coloquial en el teatro de Antonio Gala* (Oviedo: Universidad, 1985); Joaquín Criado Costa, *Cuatro personajes del teatro de Antonio Gala* (Córdoba: Academia de Ciencias y Bellas Letras, 1979); Carolyne Jean Harris, *El teatro de Antonio Gala* (Toledo: Zocodover, 1986); Victoria Robertson, *El teatro de Antonio Gala: un retrato de España* (Madrid: Pliegos, 1990); Isabel Martínez Moreno, *Antonio Gala: el paraíso perdido* (Madrid: Consejo Superior de Investigaciones Científicas, 1994), etc.

[108] Cf. especialmente mi libro, *Con Antonio Gala (Estudios sobre su obra)* (Madrid: Universidad Nacional de Educación a Distancia, 1996, con pórtico de Antonio Gala); así como los prólogos a mis ediciones de *Los verdes campos del Edén* y *El cementerio de los pájaros* (Barcelona: Plaza & Janés, 1986, *Biblioteca Crítica de Autores Españoles*, n.º 52), *Carmen Carmen* (Madrid: Espasa Calpe, 1988, Colección *Austral*, n.º 65) y *Cristóbal Colón* (Madrid: Espasa Calpe, 1990, Colección *Austral*, n.º 138).

[109] Madrid: Espasa Calpe / Planeta, 1997.

de Madrid de 1997) y relatos cortos (*El corazón tardío*[110]); produciendo y reuniendo entregas periodísticas (*La casa sosegada*[111]) –que vieron la luz en *El País Semanal*–; así como cultivando la novela, especialmente, en la década de los noventa.

La novelística era una faceta que faltaba en la producción artística de Gala, aunque proyectos nunca faltaron en la mente del escritor. Sabemos que, en el año 1963, cuando decidió dedicarse al teatro, tenía entre manos la factura de una novela, *Interminablemente bajo el césped*, que no llegó a materializarse porque, tras el estreno de *El cementerio de los pájaros*, pensaba hacer una *separación amistosa* con el mundo del teatro para escribir una pieza de este género. Tuvo que pasar mucho tiempo hasta publicar la primera novela, *El manuscrito carmesí*[112], ganadora del Premio Planeta de 1990, una recreación poético–novelesca-histórica de la experiencia vital de un insigne perdedor, la del último

---

[110] Madrid: Espasa Calpe / Planeta, 1998. En el volumen se reúnen 28 relatos cortos, de épocas distintas y de diferente cariz (*El alacrán*, *Diálogos alrededor de un catafalco*, *El búmeran* –uno de los más próximos en el tiempo–, etc.).

[111] Barcelona: Planeta, 1998.

[112] Barcelona: Planeta, 1990 (12.ª ed.°, 1991). Otras ediciones: Barcelona: Club Planeta, 1990 (2.ª ed.°, 1991) y Barcelona: RBA, 1992. Asimismo, en *Premios Planeta (1989-1990)* (Barcelona: Planeta, 1992; con prólogo de Carlos Pujol e ilustraciones de Josep Serra Llimona) –junto con *Filomeno, a mi pesar*, de Gonzalo Torrente Ballester y *Queda la noche*, de Soledad Puértolas–. Cf. especialmente el estudio de Friederike Heitsch, *Antonio Gala y el Islam* (Kassel: Reichenberger, 1995), en el que dedica un capítulo a la figura de Boabdil en tres obras de la literatura española.

rey nazarí, la de Boabdil de Granada. La serie novelística continuaría después, en la década de los noventa, con obras muy destacadas a las que, por afinidades con la pieza teatral que presentamos, me referiré después.

Asimismo, durante esta última década, tampoco se ha producido una *separación amistosa* de Gala con el mundo de Talía. Además de reposiciones de algunas de sus obras, se han editado y llevado a la escena piezas como *La Truhana*[113], *Los bellos durmientes*[114], *Café cantante*[115].... Y ahora, *Las manzanas del viernes.*

2. SOBRE LA OBRA

La obra, *Las manzanas del viernes,* trata sobre el amor, como señala Gala en la "Nota previa": "Mi intención ha sido contar una historia de amor. El resto es accesorio". Una historia de amor –¿qué es el hombre sino un ser que ama?– que está presente en la humanidad desde siempre: "Nada ha cambiado menos, en la historia de los seres humanos, que el corazón, sea la mujer o el hombre quien aparezca como protagonista, sea

113 Madrid: Espasa Calpe, 1992; con prólogo de Moisés Perez Coterillo.

114 Madrid: Espasa Calpe, 1994; con prólogo de Isabel Martínez Moreno.

115 Madrid: Espasa Calpe, 1997; con prólogo de Andrés Peláez Martín.

cualquiera la edad de quien la vive". Y por ende, el teatro en general –desde siempre– y el teatro en particular de nuestro autor, no podía dejar de tratar semejante tema: "*Las manzanas del viernes* es, por fortuna y por desgracia, una comedia eterna". Por ello escribe este texto con el fin de que no sólo sea valedero para el momento actual, sino para siempre.

El amor es un tema constante, obsesivo y reiterado en todos los géneros literarios que Gala ha tocado (poesía, teatro, relatos, novelas, artículos periodísticos, guiones de cine y televisión). Un tema que se entrelaza con otros (la justicia, la esperanza, la redención) y que busca como objetivo la comunicación y el compromiso con otros seres humanos. Por ello, la obra de Gala se presenta como un *todo*, en el que cada una de sus partes (cada obra) se articula en una misma esfera.

Para hacerse una idea completa del tema, ni que decir tiene que la mejor manera es la lectura de toda la obra completa de Gala en sus diversos géneros literarios y periodísticos; pero una panorámica selectiva la puede encontrar el lector interesado en un buen ramillete de textos que articulan la antología de Antonio Gala, *El águila bicéfala. Textos de amor*[116], realizada por

[116] Madrid: Espasa Calpe, 1993. Carmen Díaz Castañón en su prefacio a la obra señala: "Esto no es una antología, más o menos ordenada, más o menos caprichosa, más o menos caótica. Es una historia de amor (amor, fuerza de fuerza que dispone los granos de incienso de la felicidad y las charlas salobres de pena, un pavor inefable y un inefable júbilo, que hacen amar y odiar al mismo tiempo y con la misma fuerza, esa águila bicéfala, razón de ser inconmovible del amor personal)".

Carmen Díaz Castañón, que se convierte en una historia de amor en varios tiempos: "Cuando tú llegues", sobre el amor presentido; "El tiempo en que estuve habitado", sobre el amor hecho realidad, en el que la embriaguez de la felicidad hace morir (de amor, claro); "Con el otoño a cuestas", sobre el amor que se ha ido y "El laberinto del amor", una serie de "reflexiones (el beso, la caricia, la exaltación del cuerpo, los celos) con las que el lector intentará crear su propia, única y siempre hermosa historia de amor". Los textos proceden de su poesía (*Enemigo íntimo*, *La deshora*, *Sonetos de la Zubia* y *Testamento andaluz*), de su teatro (*Los verdes campos del Edén*, *Noviembre y un poco de yerba*, *Los buenos días perdidos*, *Anillos para una dama*, *Las cítaras colgadas de los árboles*, *¿Por qué corres, Ulises?*, *La vieja señorita del Paraíso*, *El cementerio de los pájaros*, *Samarkanda*, *Carmen Carmen* y *La Truhana*), de guiones de televisión (*Paisaje con figuras*), de sus artículos periodísticos (*En propia mano*, *Charlas con Troylo*, *Dedicado a Tobías*, *A quien conmigo va*, *Cuaderno de la Dama de Otoño* y *La soledad sonora*) y de sus novelas (*El manuscrito carmesí* y *La pasión turca*). Pero la lista se podría ampliar...

Se ha dicho –con razón– que Gala conoce muy bien el alma femenina y, por ello, las mujeres son protagonistas de muchas de sus obras. A una pregunta de José Infante sobre ello, nuestro escritor respondía: "yo siempre he estado rodeado de mujeres y por eso las conozco tan bien. Creo incluso que la mujer tiene más capacidad de amor, de entrega, de generosidad, que el hombre. El hombre tiene el alma dividida [...]. El hombre tiene una habitación para el trabajo, otra para las aficiones y el divertimento, otra para los amigos, para los amigotes, más bien... Y una, generalmente el dormitorio, para el amor. La mujer, en cambio, es capaz de tirar todos los tabiques de la casa y dedicarla entera al amor, a un solo sentimiento" (pág. 162).

Se ha dicho también que Gala –al igual que Lorca, por ejemplo– se mete en la piel femenina de un modo certero y profundo, dando como resultado una materia narrativa y teatral, donde las mujeres como protagonistas de sus obras han generado granados frutos en su trayectoria literaria. Por ejemplo, Jimena de *Anillos para una dama*, Petra Regalada, la vieja señorita del Paraíso, Carmen Carmen, la Truhana y tantas otras mujeres de su teatro, así lo ponen de manifiesto. Pero donde el protagonismo femenino adquiere significación señera es en su novelística con títulos como *La pasión turca*[117] –con una versión cinematográfica muy polémica de Vicente Aranda–, sobre la historia de Desideria Oliván y su ardiente pasión por Yamam en Estambul, que constituye una reflexión amarga sobre el amor; *Más allá del jardín. Una mujer en busca de sí misma*[118], centrada en la historia de Palmira, otra mujer que lucha por encontrarse a ella misma; *La regla de tres*[119] –menos– y *Las afueras de*

---

[117] Barcelona: Planeta, 1993.

[118] Barcelona: Planeta, 1995.

[119] Barcelona: Planeta, 1996.

Dios[120], sobre el amor–compasión, sin el que no puede alcanzarse la felicidad social.

Y finalmente, también es sabido que Gala siempre ha sostenido que, en el mundo del teatro español, desde el Siglo de Oro (con la *Calderona*, la *Baltasara*) hasta nuestros días, en España el elenco de primeras actrices ha sido mayor y mejor que el de los primeros actores. Por ello, excepto algunas obras escritas para hombres (como *Samarkanda*, *Séneca o el beneficio de la duda*), las protagonistas de su teatro han sido actrices, de ahí que le confesara a José Infante lo siguiente: "Me he sentido muy cómodo [trabajando] con Amelia de la Torre, a la que quería y admiraba muchísimo. Con Mary Carrillo, que me parece probablemente la actriz más genial que tenemos; con Julia e Irene Gutiérrez Caba, y no quisiera dejar de citar a María Asquerino, que hizo una hermosísima Jimena [...] porque las conozco muy bien y ellas me conocen a mí y se produce una especie de metempsicosis y el resultado es muy bueno" (pág. 266).

Concha Velasco será otra de las actrices que adquirirá realce en las puestas en escena últimas de nuestro autor. Ella interpretó *Las cítaras colgadas de los árboles*, fue la protagonista de la obra musical *Carmen Carmen* –con un rotundo éxito de público–; ella sería también la protagonista de otro musical de Gala –al que le solicitó que le escribiera una comedia– y Juan Cánovas, *La Truhana* –con un final lamentable, al disolver ella misma la compañía por falta de público y orientar su rumbo hacia la

120 Barcelona: Planeta, 1999.

televisión– y, en nuestro texto, ella interpretará el papel de Orosia Valdés[121].

Otro acierto será la encarnación por Encarna Paso de la figura de Águeda, el ama de Orosia. Sabemos que la figura omnipresente del ama en la vida de Gala tiene un papel fundamental –desde niño y cuando no lo era– porque le servía de protección y de puente levadizo con el exterior. Por ello en su teatro –como en *La Celestina* o en las comedias áureas– ha reflejado una serie de personajes secundarios –según ha estudiado Ana Padilla– como "la Nodriza de *El sol en el hormiguero*, la Constanza de *Anillos para una dama*, la Camacha de *Las cítaras colgadas de los árboles*, Eurimena y Eurimedusa de *¿Por qué corres, Ulises?*, la Camila de *Petra Regalada...*" (J. Infante, pág. 75).

Gala ha escrito diferentes obras sobre diversas modalidades de amor (heterosexual y homosexual[122]). A ellas añade ahora la historia de amor entre una mujer madura y un hombre joven. Si bien es cierto que la historia de la literatura está plagada de obras en las que un hombre mayor se enamora de

---

[121] La obra se estrenó en el teatro Ayala de Bilbao, el viernes 15 de octubre de 1999, bajo la dirección y producción de Francisco Marsó –aunque de ella, inicialmente, se iba a encargar José Luis Saiz–, con escenografía de Alfonso Barajas y música de Juan Cánovas. El elenco de actores fue el siguiente: Concha Velasco (Orosia Valdés), Josep Linuesa (Mauricio), Encarna Paso (Águeda), M.ª Paz Ballesteros (Silvia), Antonio Rosa (Carlos Pizarro) y Cristina Castaño (Daniela).

[122] En su pieza teatral *Samarkanda*; en el poemario, *Meditación en Queronea* (basado en la historia de los amantes de la legión tebana), etc.

una joven, también lo es que, debido a los tiempos de la modernidad, la literatura de hoy no deja de tratar el tema del amor entre una mujer mayor y un hombre de menor edad. Ésta es, por ejemplo, la materia narrativa de la novela, *La mirada del otro*[123], con la que ganó el Premio Planeta Fernando G. Delgado, la excelente novela de Clara Sánchez –que acabo de leer–, *El misterio de todos los días*[124], y tantas otras...

La protagonista de *Las manzanas del viernes* es Orosia Valdés, una mujer con poco más de 50 años, dedicada al mundo de los negocios –de ahí que su nombre nos suene a *oro*, como el de Desideria Oliván de *La pasión turca* a *deseo*– en Madrid; una mujer, que ha estudiado Ciencias Empresariales e Ingeniería Naval; una "española patricia", propietaria y máxima directiva de una naviera, fundada por su padre Darío Valdés; una mujer moderna y extraordinariamente bella; una mujer sorprendente, muy conocida de nombre, aunque alejada de las revistas del corazón, que aparece en el programa de televisión *Grandes nombres*, al inicio de la obra; una mujer, casada por complacer a su padre con un armador griego, del que se separó por los malos tratos que le daba, que por ausencia de amor, se refugia en un intenso trabajo al que dedica todas sus fuerzas.

Orosia se enamora un día en su madurez, de repente, de Mauricio Villamil, el hijo mayor, de su antigua amiga, Silvia,

---

123 Barcelona: Planeta, 1995.

124 Madrid: Alfaguara, 1999.

marquesa de Canedo. Mauricio tiene veintiséis años, es un *niño bien* que no da golpe, que se dedica a viajar, aprender idiomas, practicar la equitación y la esgrima, "salir en las revistas, desfilar en pasarelas, jugar con todos, cobrar de todos". Mauricio es mucho más joven que Orosia y se interesa exclusivamente por vivir la vida y por el dinero. Desde la primera escena así se confirma. Al enseñarle Orosia su colección de cuadros (Modigliani, Van Gogh, Juan Gris, Picasso...) le pregunta si le gusta la pintura, contestando el joven: "Me interesan los precios".

En esta parcela de la biografía amorosa de la protagonista, a través de un tono claramente introspectivo, el amor entra en su vida. Como señala ella al final de la primera escena: "Sucedió de repente. No sé cómo. Hoy estreno una nueva vida, un nuevo sol, una alegría distinta y toda la esperanza. Por primera vez tengo un miedo terrible". El amor es una luz tremenda que le ha llegado de un modo súbito, como en el camino de Damasco, que ciega y que no deja ver el mundo, aísla de los otros –menos del ser amado–, es como un foso entre el yo y los demás, según dice Gala. El amor de Orosia, en cierto modo, es parecido al que le llegó a nuestro autor, en noviembre de 1963, a los pocos días de haber estrenado su primera pieza, *Los verdes campos del Edén*: "Fue mucho más que un flechazo; fue un disparo en la sien, un modo repentino de morir y renacer a otro mundo recién inaugurado, ileso, limpio, en el que todo recordaba lo que había sido y todo era distinto. Igual que si estuviera mirando a través de otros ojos. Y así era" (José Infante, pág. 96)[125].

El amor ha entrado en la vida de Orosia tarde y a él quiere dedicarse plenamente, como dice ella: "Nunca creí que el amor llegara, cuando no lo esperaba ya ni maldita la falta que me hacía para ponerlo todo patas arriba... Nunca creí que fuese un carnicero que afilara sus cuchillos para rajarme entera". Es como un vendaval. Que llega, como un potro en una cacharrería, y que lo destroza y alborota todo. El amor la altera –se entrega al *alter* (otro)–, la enajena, la desnorta, la desconcierta, la enloquece y la trastorna. El veneno del amor lo tiene dentro (y éste no tiene fácil antídoto). Ella que tenía una vida reglada, rígida, dedicada al trabajo –convirtiéndolo en el protagonista absoluto de su vida y refugiándose en él como tabla de salvación– lo deja a un lado (incluso ante la marea negra que ha provocado uno de sus petroleros en las costas bretonas), por lo que al final de la escena tercera señala: "El amor es juez y parte a la vez, el testigo también y el condenado. Sin él, sería sólo lo que he sido hasta ahora: nada, nada, una mujer sin vida. Me está haciendo

125 Aunque su primer amor lo tuviese Gala años antes, como le manifestaba a Jesús Quintero, en una de las entrevistas, emitidas por la televisión andaluza (Canal Sur). A la pregunta del interlocutor, "¿Usted recuerda su primer amor?", Gala contestaba: "Perfectamente. Era una mañana en la sierra de Córdoba, un día tres de abril. Yo dije un nombre y la persona que respondía a ese nombre volvió la cara y dijo: 'Sí, sí'. Todavía me quema el primer beso" (Jesús Quintero y Antonio Gala, *Trece noches*, Barcelona: Planeta, 1999).

vivir lo que me mata. El amor sí que es una marea negra. Y no hay quien la haga desaparecer". Incluso la lejanía y ausencia de Mauricio no hacen sino incrementar más su sentimiento amoroso. Su felicidad es efímera, transitoria.

Pero Mauricio no está enamorado de Orosia. Sólo la utiliza para aprovecharse de su nombre, de su posición. Mauricio tiene con ella una aventura: "La aventura es lo contrario del amor". La aventura de Mauricio es lo contrario del amor de Orosia, por la propia esencia de los sentimientos. Mauricio se quiere aprovechar de ella, mientras que Orosia es generosísima e intensísima en todo. Mauricio, de su aventura, no saca heridas, mientras que Orosia sale herida de amor. De ahí nace el conflicto dramático. Estamos ante una dualidad bifronte: Orosia es la amante y Mauricio el amado. Pero al final se ve que "no conseguimos nunca ser dos en una misma carne, ni ser uno en dos cuerpos diferentes... No somos el águila bicéfala", aunque la aspiración siga manteniéndose.

Mauricio posa sus ojos en Daniela, una bella y joven modelo de 26 años, actriz y presentadora de televisión, por lo que entre ella y Orosia no habrá ninguna simpatía (los celos afloran rápida e intensamente), sucediéndose los altibajos entre la mujer madura y el amante joven. Para conseguir y mantener el amor de Mauricio a Orosia, ésta y Águeda ofician un extraño rito, en una mañana de viernes, con una manzana. Pero ni por eso lo consiguen. Orosia llega a la conclusión de que las manzanas del viernes –de ahí el título de la obra– no producen el efecto deseado: "la única manzana que sirvió fue la del Paraíso", "las del viernes se ponen a secar y no las muerde nadie, nadie las devora a dentelladas mirándose en los ojos del otro". Mauricio no le da amor, se lo coge Orosia, "a veces por la fuerza". Mientras, la prensa del corazón elige para sus portadas fotos de la madura naviera y el joven galán, así como en las tertulias de la radio y en los programas de televisión no se habla de otra cosa. Su reputación está por los suelos. Abre los ojos y ve la auténtica realidad. Mauricio viene a dejar la casa y a despedirse de ella para irse con Daniela.

Este amor-pasión que es, a la vez, constructivo –porque le da la vida– y destructivo –porque la deshace también–, viene originado por polarizar el cariño en una sola persona, no digna de su afecto. Hecho que le trae muy malas consecuencias, como se verá en el final, en el dramático final: "El amor, como un misterioso huracán, se abate sobre la vida, y es la vida. Y la muerte también". Orosia toma la pistola de la caja de plata, dispara dos veces y mata a Mauricio: "Yo ya estoy muerta. Ahora te toca a ti". Para finalizar: "Se ha consumado todo... Ahora el león se volverá a dormir... si es que lo dejan (*Oscuro final.*)".

Estamos ante una historia muy difícil, que no terminará sino con la muerte. El silencio más desolador: "nos defendemos porque tenemos la necesidad de creernos que hemos sido felices. Necesitamos creer que tuvimos una edad de oro" (J. Infante, pág. 77). En algunas piezas teatrales de Gala nos encontramos también con finales estremecedores (en *Los verdes campos del Edén*, *Los buenos días perdidos*, *Petra Regalada*, etc.). Orosia en este caso no tiene más remedio que matar o morir. Pero no se suicida para acabar su tormento como Consuelito en *Los buenos días perdidos* o Desideria Oliván en *La pasión turca*, sino que mata a su amado para que de una vez la deje en paz. El autor señalaba al respecto a José Infante lo siguiente: "Mis finales son siempre atroces. A veces son comedias que empiezan en rosa y acaban en negro; me gustaría escribir un día una que fuera al contrario, que empezara en negro y terminara en rosa, pero no me sale" (pág. 140). Aunque al final pretenda que la sombra de la esperanza ronde por encima, para que cada uno salve, fuera del escenario y en su vida, lo que no ha podido ser salvado en las tablas.

Gala, forjado por la vida, toma un tema de la vida misma –los temas "me vienen prácticamente suministrados por la vida"– y organiza una comedia, una comedia eterna –mejor una tragicomedia–, en la que "su forma es real mucho más que realista" sobre el eje del amor: "Los personajes todos, que se creen tan seguros, son, como en el teatro desde sus principios, los portavoces de una verdad: el amor es un huésped peligroso; el amor es un águila bicéfala que se cierne sobre los acontecimientos más familiares, y los transforma y los embellece y los ensangrienta". Porque "en medio de las luces cotidianas, de los personajes habituales, de los gestos menos extraordinarios, se desboca la erupción incomparable del amor: ese volcán íntimo y mortífero, vital y mortal a la vez".

"*Las manzanas del viernes* es, como casi todas las comedias, un caleidoscopio" –como señala el autor en la antecrítica–, en el que "cada espectador verá en ella no tanto lo que se le ofrece cuanto lo que él esté dispuesto a ver. Tomará, si lo toma, uno u otro partido", para terminar apostillando: "Ojalá que los espectadores se vean –o vean a quienes creen sus semejantes– retratados en ella". Gala pretende hacer que cada uno de sus receptores (lectores o espectadores) tenga la sensación de que es el destinatario único de su historia y de su mensaje.

Gala no es un hombre de teatro –como le gusta decir a él–, sino un escritor que escribe teatro. Un escritor que fragua un texto literario que servirá de pretexto luego para el montaje espectacular en el que intervendrán otros creadores. Como escritor, "se hincha de la realidad de alrededor y luego se exprime –*exprimer*, en francés, significa expresarse–, como una esponja sobre el papel", mira a su alrededor, cuenta lo que ve e intenta siempre ayudar a alguien (sus receptores). En esta pieza, como en otras tantas, estamos ante un teatro de la palabra (nada experimental o vanguardista) con el fin de "ir a lo auténticamente íntimo del corazón del hombre, que es lo que no cambia", en el que hay un cuidado lenguaje *poético* (que es como un líquido, como la *poiésis* platónica, que toma la forma del recipiente en que se vierte, según la metáfora que tanto gusta a Gala), adaptado a la realidad de cada personaje[126]. Estamos ante unos diálogos muy bien construidos, con ritmo intenso y medido, que trasminan poesía, no de una poesía de poema, sino de una poesía subyacente (todos los grandes dramaturgos han sido poetas). Estamos ante un teatro poético, al estilo –por ejemplo– del de Lorca.

La facilidad verbal de Gala –una de las características de todo su teatro– se pone de manifiesto en *Las manzanas del viernes*. Él sabe muy bien "que es un don el acierto de emplear el lenguaje en una forma determinada" y que el lenguaje literario, el lenguaje poético, cuesta muchísimo trabajo conseguirlo. Pero sabe también que tiene el don de la palabra, como le señalaba a José Infante: "a la gente le gusta oírme hablar y eso se ha propagado sobre todo a través de la televisión. Creo que a los españoles, no sólo a los andaluces, les gusta oír hablar bien [...] Hay gente que enturbia el agua para que parezca más profunda; eso le ocurre a algunos escritores, que lo hacen más difícil para que parezca que están hablando de Dios y sus eternidades, y yo no, yo pretendo que el agua esté clara y aclarar lo que esté dificultoso para que me entienda todo el mundo y entonces se produce esa corriente entre el público y yo, ese va y ven;

---

[126] Orosia es una mujer culta que cita los sonetos amorosos de Shakespeare ("My lovely boy" del 126), en la línea de la más rancia tradición petrarquista, que tanto ha enriquecido la poesía amorosa europea (y de otras partes); Mauricio usa la jerga del lenguaje más juvenil ("Jolín, qué tía"; "hablemos de nosotros, porfa"; "estás de un preparado [las rayas de coca] que te cagas..."); Águeda se expresa más popularmente, etc.

la gente entiende cuando digo lo del folio por la cara es verdad, percibe que hay una verdad. Creo que esa es la explicación, que se establece una corriente consanguínea, hay una especie de reciprocidad, de ósmosis. Probablemente es un don y probablemente la gente también lo olfatea" (págs. 278-279).

Como es bien sabido, es difícil hacer teatro, un buen teatro. Gala sabe escribirlo. La bella factura de sus textos nadie las pone en duda. Pero también es un buen comunicador. De ahí el éxito popular de casi toda su dramaturgia, como él mismo expone a José Infante: "yo soy un buen comunicador. Comunico muy bien con la gente, porque soy gente. En este país existe la manía de hablar del pueblo, el pueblo, como si fuera una entelequia lejana, como si se hablara de Australia. ¿Cómo el pueblo? El pueblo, así, con voz de pito. (*Risas.*) Pues no. Pueblo somos todos. Yo soy pueblo [...] Soy la uña del dedo meñique de ese pueblo. Cuando duele el cuerpo, duele también la uña del del dedo meñique. Y cuando duele la uña del dedo meñique le duele a todo el cuerpo. Yo tengo esa facilidad de comunicarme sin necesidad de mediadores, como aquel eslogan del Trinaranjus, 'del naranjal a los labios'. Tengo esa facultad y me ha servido muchísimo para el teatro" (pág. 189).

Gala de nuevo –y una vez más– muestra su ingenio y brillantez verbal; luce su poderío verbal, pero con un tono y un lenguaje reconocibles por el público. Su *verbo transitivo* –como llamó a una de sus series periodísticas aparecidas en *El País*–, no exento de humor en ocasiones –un recurso, un gancho, para mantener la atención de los espectadores–, vuelve de nuevo a resonar.

Lector, aquí tienes, *en propia mano*, esta obra teatral de Antonio Gala. Saboréala por tu cuenta[127].

[127] Publicado como prólogo a Antonio Gala, *Las manzanas del viernes* (Madrid: Espasa Calpe, 1999, págs. IX-XXVII; Colección *Austral*, n.º 486).

Cristóbal Colón

1. EL DESCUBRIMIENTO DE AMÉRICA

No es la primera vez que Antonio Gala se acerca al tema del Descubrimiento, la Conquista de América o al Encuentro de dos mundos (ponga el lector el rótulo que mejor le cuadre):

> Frente al V Centenario podrá adoptar cada cual la actitud que le pete. Subrayar el descubrimiento, que definitivamente fijó el orbe; o el comienzo de la conquista y la colonización y las barbaridades; o el encuentro –chocante, por descontado– de culturas, cuyo sincretismo condujo a lo que hay hoy *(DT,* 206)[128].

La denominación del hecho histórico se ha cargado de ideología. Por ello, no conviene enredarse en cuestiones terminológicas, ya que, si nos dejamos obsesionar por éstas, sería muy difícil entendernos, como el propio autor reconoce:

[128] *Vid.* la interesante entrega periodística de Antonio Gala, "Plus Ultra", en *Dedicado a Tobías* (Barcelona: Planeta, 1988, págs. 204-207).

> Se dice que hasta la palabra descubrimiento debería rechazarse, pero en sentido estricto tampoco deberíamos llamar América a lo descubierto porque nadie la había bautizado así, ni el descubridor era en verdad España porque ésta no existía como tal por aquel entonces[129].

A través de las variadas referencias –tanto en los escritos periodísticos[130] como en los teatrales–, es posible hacerse una idea de la consideración –discutible, por personal, siempre– que Antonio Gala tiene de uno de los acontecimientos de mayor transcendencia –no sé si el mayor que los siglos vieron, como Cervantes dijo de la batalla de Lepanto– de la historia moderna. En las entregas periodísticas[131] el creador de *Las cítaras colgadas de los árboles* se ha explayado sobre el tema. Sin ánimo de exhautividad, examinaremos unos cuantos botones de

---

[129] Declaraciones de Antonio Gala a Joan Matabosch, en *ABC*, 23 de septiembre (1989), pág. 81.

[130] Me ocupé del tema en "Referencias sobre Iberoamérica en la obra periodística de Antonio Gala", en J. G. Moreno de Alba (ed.), *Actas del II Congreso Internacional sobre el Español de América* (México: Facultad de Filosofía y Letras de la Universidad Autónoma de México, 1986, págs. 669-678).

[131] Las siglas de los textos periodísticos por los que citaremos corresponden a las siguientes ediciones: *TP: Texto y Pretexto* (Madrid: Sedmay, 1977); *ChT: Charlas con Troylo* (Madrid: Espasa-Calpe, 1983); *PM: En propia mano* (Madrid: Espasa-Calpe, 1983); *CD: Cuaderno de la Dama de Otoño* (Madrid: El País, 1985); *DT: Dedicado a Tobías* (Barcelona: Planeta, 1988) y *SS: La soledad sonora* (Barcelona: Planeta, 1991). He preferido no traer a colación aquí las contribuciones de Gala en el semanario madrileño –diario, después– *El Independiente,* por estar más cercanas a la realidad política del día a día.

muestra. El escritor, para evitar simplificaciones, deja muy clara su postura ante el Descubrimiento:

> Por comodidad mental se dice que España descubrió América, y se dice un disparate. Ni lo que se descubrió era América aún; ni los descubridores tenían la intención de tropezar con otra cosa que el extremo oriental de Asia; ni España estaba configurada como tal todavía. Incluso algunos americanos de hoy opinan que el verbo *descubrir* es una desmesura: aquellas tierras estaban manifiestas, destapadas y patentes: fueron *halladas,* no descubiertas. Desconozco si su propósito es afirmar que se perjudicaron con su descubrimiento, o que, de no haberse adelantado España, *América habría acabado por descubrirse sola descubriendo a Europa* [cursiva nuestra]. Cualquiera que sea su propósito estoy de acuerdo (*DT,* 204-205).

Lo cierto es que, para ambas partes del mundo, aquella empresa terminó con el conocimiento de la otra mitad del orbe, según constata el dramaturgo en "Las palabras previas" a *Cristóbal Colón*:

> (Porque, piense cada cual lo que quiera, para Europa aquello sí fue un descubrimiento –se descubre lo que no se sabe que existe, o se ha olvidado–: como lo hubiese sido, para los indios luego americanos, encontrar a Europa)[132].

---

[132] En vista de que la denominación del hecho histórico seguía provocando una ardua y recelosa polémica, emplearemos aquí la palabra *descubrimiento* con este exclusivo sentido.

Si bien es cierto admitir que correspondió a la patria de Cervantes, por designio histórico, llevar a cabo la aventura, sin embargo sus resultados no fueron todo lo buenos que hubieran sido deseables para unos y para otros:

> [...] si fue España quien descubrió América. No sé si hizo bien. Mejor estaban los indios ensimismados, y a nosotros –para ser cada día más– con la *reprise* del Renacimiento nos habría bastado (*CD*, 357).

Para Antonio Gala el descubrimiento de América tuvo que ver con la política interior de Castilla, con las relaciones de ésta con Europa y con los aborígenes, luego americanos. Por lo que respecta al primer aspecto, Castilla –según el escritor–, a fines del siglo XV, se vio forzada a batallar, por voluntad expresa de sus gobernantes, en dos frentes muy singulares:

> Las guerras se emprenden muy a menudo para ocultar, con su humo, la ilegitimidad o la injusticia de quienes las emprenden: son una forma de desviar la atención. Los Reyes Católicos, sin ir más lejos, no me parecen una excepción en esto. Enrique IV, por el contrario, estaba tan seguro de su derecho que, venteando ya el Renacimiento, prefería que Castilla, sentada de una puñetera vez, se pusiese a cantar. No la dejaron; primero la llevaron al Sur –ese soñado Paraíso al que bajaban los del Norte, según el cronista, "como a bodas de rey"– y

después a descubrir América. De eso le viene tanto desasosiego: sin arreglar la casa, la echaron fuera de ella (*PM*, 203).

Había que tener al pueblo en constante desasosiego:

Pero en aquel momento, tras siglos de la mal llamada Reconquista, con tantísima gente en permanente pie de guerra, más o menos, a la cual hubiera sido muy violento decirles que esto se ha acabado y ahora hay que contar con lo que tenemos y limpiar la casa, era muy difícil contener y dominar aquello, porque los héroes se ponen de muy mal humor cuando se les acaban las guerras. Y Castilla era muy ventanera, y la reina Isabel terriblemente ambiciosa[133].

Idea que Gala va a repetir con profusión. Castilla, por megalomanía, en lugar de dedicarse a *ordenar una casa que llevaba ocho siglos trastornada* –como se advierte al inicio de "Las palabras previas"– ... *se volvió más ventanera que nunca,* y, frente a Europa, *se puso una vez más fuera de sí*:

Castilla no bien terminó de conquistar Granada: entonces no se trataba de Marte, sino precisamente de eso que luego se llamó América. Y por aquel salirse de madre perdió España una posibilidad que los demás, aquí, aprovecharon. Mientras Europa *se hacía* y *se entendía,* nosotros nos quedamos fue-

---

133 Según declaraciones de A. Gala a Albert Mallofré, en *La Vanguardia*, 23 de septiembre (1998), pág. 33.

> ra de cacho, con los brazos abarcando lo inabarcable y las manos ocupadas en demasiadas cosas. Cuando quisimos acompasarnos, no era tiempo: el que se fue a Sevilla perdió su silla. Desde entonces vamos a rastras de los acontecimientos, porque la Historia se nos quedó muy grande *(TP,* 368).

> Verbigracia, el epónimo de América –quien le da nombre– no es ni el descubridor, ni Isabel, ni Fernando, ni ningún español, ni ningún portugués. Fue un señor florentino comerciante, hijo de un notario, embajador en Francia, que hizo dos viajes: uno pagado por España y otro por Portugal. Pero cayó el primero en la cuenta de que aquello no era Asia. Y un alemán, geógrafo y cartógrafo Waltzemüller, en un libro en latín, *Cosmographie introductio,* llamó a tu tierra paterna América. Ya estaban todos, o casi todos. Como debe ser. No hay mundos viejos, ni nuevos, ni terceros. Hay el ser humano y su contradictorio cuarto de estar, del que arde por salir en lugar de arreglarlo (*DT,* 25).

Los gobernantes de Castilla supieron sacar buen partido de esta acción, así como de las aventuras de aquellos navegantes intrépidos. En principio, cubrieron varios objetivos, según Gala:

> Los Reyes Católicos, nada más conquistar Granada –con la casa aún revuelta, sin unidad, sin aspiraciones comunes, con Europa en trance de mudanza– se dedicaron a hacer viajes de descubrimientos. Primero, para echar fuera a los que molestaban, a los hambrientos, a los parados, a los segundones

> levantiscos –a nuestros ex combatientes del Vietnam–; segundo, para darle una bofetada a Portugal, que era la competencia marinera de entonces... Y lo hacen olvidándose de los problemas íntimos: judíos fuera, árabes fuera, moriscos acribillados y mal digeridos... Descubrir: cerrar los ojos a lo próximo y alejarse; engañar con falsas grandezas a los ciudadanos como si fuesen niños *(DT,* 24).

Desde el punto de vista económico, la empresa colombina, al final, fue un auténtico fracaso:

> [...] porque toda aquella aventura ni siquiera nos enriqueció; al contrario, por causa de América quedó todo este territorio aún más empobrecido e históricamente nos convertimos en el rabo sin desollar de Europa[134].

Idea que Gala va a exponer reiteradamente:

> Los [Reyes] Católicos, al cuarto viaje de Colón, estaban hartos de que las tierras descubiertas ni les dieran el oro prometido, ni absorbieran hampones en número apreciable. A nivel nacional, el espíritu de aventura llega hasta cierto punto: requiere demasiado dinero, o demasiada hambre *(DT,* 24-25).

---

134 En la citada entrevista con A. Mallofré.

El poco dinero que llegaba se destinaría –siempre según Gala–, tras la muerte de Felipe II, a contentar más a la Iglesia que a los feligreses:

> [...] la desaparición del oro de las Indias (que no bastaba ni para financiar las guerras, perdidas de antemano, y que si se detuvo en España fue sólo para dorar retablos: porque era preferible tener contenta a la divinidad –quiero decir a la Iglesia– que al pueblo) *(TP,* 339).

Esta conjunción Iglesia-Estado, por prepotencia española, traería, luego, consecuencias irremediables:

> A España le tocó en suerte ser el bastión de Europa ante las invasiones, y el vehículo del descubrimiento y la colonización americanos. Luego, España se arrogó –por razones de predominio, más que nada– el papel de adalid de la ortodoxia religiosa. La consecuencia fue inmediata. (Nos salimos de Europa. Nos salimos a empellones, claro está.) *(PM,* 106).

La tesis que Gala defiende con recia firmeza es que el declive español de aquella época se inició tras semejante aventura:

> Y qué decirte de España, Tobías: frente a cuanto pudiera pensarse, su decadencia comienza con el Descubrimiento. Concluida la también mal llamada Reconquista (en la Historia los nombres se distribuyen siempre *a posteriori* y por los que han vencido), Castilla y Aragón deberían haberse dedicado a

> adecentar la casa, a recuperar fuerzas y a ejercer relaciones de buena vecindad. Para Aragón, el Mediterráneo era un destino, y Europa, una evidencia. Pero Castilla se había quedado sin contendientes, sin vocación, sin aventuras, metida en la olla hirviendo de su comezón y escasez. Antes de que el hervor hiciese saltar la tapa, se abrieron los caminos de la mar: del otro mar, no del *mare nostrum*. Desde ese momento, España miró ya hacia otro lado; se distanció otra vez –con un pretexto distinto del de la *morisma*– de su familia europea. La política matrimonial de los Reyes Católicos, que colocó a cada una de las niñas en una corte conveniente, no sirvió de nada. El Descubrimiento le dio dinero a España: no más. Y nada hay que suscite mayores odios que la riqueza no compartida y despilfarrada. De manera que, si el Descubrimiento para los mal llamados indios fue un desastre, para los mal llamados españoles lo fue también. Nunca estuve yo en contra de que Colón descubriera lo que descubrió; pero habría sido preferible que se hubiese callado (*DT,* 205)[135].

Por otra parte, Antonio Gala focaliza su atención sobre los aborígenes. ¿Cuál fue, para ellos, el resultado de aquel hecho histórico? En líneas anteriores nos había dejado un grueso trazo de su visión del Descubrimiento: *para los mal llamados indios –como para los españoles– fue un desastre.* Un desastre porque, entre otras muchas cosas:

---

135 Albert Mallofré titulaba su entrevista-reportaje con el escritor, en *La Vanguardia* (cit.), "Gala: 'Si yo hubiera descubierto América me hubiera callado'".

> [...] la conquista de los cristianos abolió la cultura de los americanos anteriores a ti: los hombres que antes de Colón vivían y soñaban en ese continente (*DT*, 17).

Se les evangelizó, sin contar con su parecer:

> [...] a los indios de América se les bautizó sin pedirles permiso ni "enviarlos a estudiar conjuntamente la Biblia" (*TP*, 246)[136].

Ante ello, el espíritu libre del escritor hubiese deseado que los hechos hubiesen ocurrido de una forma diferente:

> Mejor habría sido esperar que los indios de América descubrieran Europa (*DT*, 25).

Podría parecer, tras lo señalado hasta aquí, que la actitud de Gala ante el acontecimiento histórico del encuentro de los dos mundos es, en general, bastante. negativa. Sin embargo, con ese deseo que le caracteriza de manifestar lo que

---

[136] Gala, en la entrega periodística, "El nuevo padrenuestro" (*SS*, domingo, 27 de noviembre de 1998, pág. 154), al referirse a la tardanza de la reforma de la letra de la oración, en castellano, afirma con sorna: "Tal bendita demora nos permite –¿también es esto, Dios?– que la Iglesia contribuya con tan hermoso rasgo de unificación a los actos del V Centenario del Descubrimiento de América. De su descubrimiento y –¿cómo no?– de su evangelización, que se hizo con tanto respeto de la libertad y tanto amor y tanta suavidad y tan incruentamente como cuentan las crónicas".

piensa –pese a quien pese: tirios y troyanos–, también ve lo positivo de la empresa. Primeramente, se plantea una sutil hipótesis:

> A mí me gustaría saber qué habría ocurrido si el Descubrimiento lo hubiesen llevado a cabo gentes anglosajonas. Acaso habría sido mejor para todos. Menos, probablemente, para los mal llamados indios (*DT*, 206).

Para después, pese a las negatividades anteriores, dejar bastante clara su postura ante tan discutido –por discutible– evento:

> A España le tocó la papeleta de provocar una revisión de la cosmografía, de la ciencia entera y de sus fundamentos. Y de la teología, obligada a armonizar la redención universal con la sorpresa de pueblos marginales, a los que desde el primer instante les reconoció España el carácter de personas humanas –que hoy se ve meridiano–, susceptibles por tanto de bautismo. Una inmensa tarea para la que España –ni nadie– no se había preparado. Aquí la Magdalena no estaba para tafetanes. Hubo que improvisar. Y te aseguro que no lo hicimos *–nosotros–* mal del todo (*DT,* 206).

Además, la historia de la literatura española se iba a beneficiar de tal acontecimiento, en cierto modo, con el nacimiento de un nuevo género novelístico:

> La Picaresca no surge por una atracción de lo macabro, ni por una decisión premeditada de que nadie vea de color de rosa el mundo. Es una creación que recoge todas las anteriores fatigadoras experiencias –Conquista, Reconquista, Descubrimiento, vuelta a la Conquista, bancarrota de falsos ideales...– y brota de un larguísimo cansancio y el vano demorarse en las colas de la burocracia inagotable de Felipe II. La Picaresca es obra de un biológico deseo de supervivencia y de un prudente recoger las velas: el español estaba harto de vivir sólo en la grandeza, de seguir fingiendo más éxtasis gloriosos (*TP*, 262).

El tema del Descubrimiento, asimismo, había sido tratado por Antonio Gala en su dramaturgia, muy especialmente en *Las cítaras colgadas de los árboles*[137], una historia –como se nos indica en las "Palabras del autor", previas a la obra– que se desarrolla en el "momento en que nace la España americana, que fue entonces la Nueva", "en un momento en que más tajantes que nunca, había dos Españas y una estaba más lejos que nunca de la otra"; una historia que narra el retorno de Lázaro Ayala, de América a su Extremadura, a través de la cual el dramaturgo nos da la visión de la interacción de los llamados viejo y nuevo mundo que tantas afinidades –críticas, sobre todo– tiene con la

---

[137] El texto dramático se puede leer en la edición prologada por Enrique Llovet (Madrid: Espasa-Calpe, 1977, págs. 31-120) y en *Obras Escogidas,* con prólogo de Fausto Díaz Padilla (Madrid, Aguilar, 1981, págs. 493-578). *Vid.* lo que señalo sobre esta obra en la "Introducción" a mi edición de Antonio Gala, *Los verdes campos del Edén. El cementerio de los pájaros* (Barcelona: Plaza & Janés, 1986, págs. 64-66).

expuesta en sus entregas periodísticas (en algunas de ellas Gala se refirió al descubrimiento). Estamos pues ante un teatro histórico, tan practicado tanto por Buero Vallejo, como por otros dramaturgos (entre los que hay que incluir a Antonio Gala)[138].

2. LA ÓPERA Y COLÓN

2.1. La ópera como formato

Como es bien sabido, en España nunca llegó a tener la resonante altura que el género alcanzó en otras áreas geográficas, como, por ejemplo, en Italia[139]. En su lugar, la zarzuela, como

[138] *Vid.* de José Romera Castillo (ed.), *Teatro histórico (1975-1997): textos y representaciones* (Madrid: Visor Libros, 1999).

[139] Recuérdese que en la década de los sesenta se profetizaba la muerte de la ópera. Entre los sostenedores de esta tesis figuraba Adorno. *Vid.* al respecto, el artículo de Andrés Sánchez Pascual, "Espectáculo subversivo", en la edición barcelonesa de *El País* (domingo, 24 de septiembre de 1989, pág. 29). El traductor al español del filósofo alemán, tras señalar las tesis de éste sobre el género operístico, afirma: "El núcleo central de los grandes protagonistas de ópera (Don Juan, Sigfrido, Leonor, Salomé, Carmen, Violeta, Lulú, Wozzeck) es siempre el mismo: la rebelión del individuo contra las cadenas del orden social y la exaltación de la individualidad. Mientras al menos eso continúe siendo todavía posible, es difícil que la ópera muera. Seguirá teniendo una función revolucionaria y subversiva, aunque muchas veces la sociedad que la mantiene no llegue siquiera a sospecharlo".

género menor, se aposentó entre nosotros con arraigada fuerza. Sin embargo, en la actualidad, parece que hay cierto renacimiento del teatro lírico –grande– entre nosotros. Para corroborar este aserto –con fuerte dosis de esnobismo, según José Ramón Encinar–, han sido varios los compositores que, en la década de los ochenta del siglo XX, llevaron música a los escenarios[140]. Ahí están, por ejemplo, las obras de Jorge Fernández Guerra, *Sin demonio no hay Fortuna;* Alfredo Aracil, *Francesca o el infierno de los enamorados;* José Ramón Encinar, *Fígaro;* Xabier Berenguel, *Spleen* –representada en 1983, sobre un libreto de Lluís Permanyer–; *El llibre vermell* –estrenada en el Liceo de Barcelona, en 1988–, etc.

Pero de entre todas estas empresas operísticas, conviene resaltar el estreno que tuvo lugar el día 11 de marzo de 1990, en el Teatro de la Zarzuela de Madrid de la segunda ópera del compositor Luis de P2a0blo[141], basada en un texto de Vicente Molina Foix[142], *El viajero andante,* con dirección musical de José Ramón Encinar y dirección escénica de Simón Suárez, en la

---

[140] Tomo los datos que siguen del interesante reportaje de Fancelli y J. A. Vela, "La ópera busca nuevas historias", en *El País* de Barcelona (domingo, 24 de septiembre de 1989, págs. 28-29).

[141] La primera ópera del compositor bilbaíno, nacido en 1939, fue *Kiu*, estrenada en 1983, con argumento de Alfonso Vallejo.

[142] Vicente Molina Foix había hecho algunas incursiones en el ámbito teatral con *Los abrazos del pulpo* (a la que, por cierto, puso música Luis de Pablo) y con la adaptación de la obra de Shakespeare, *Hamlet,* que tanto éxito de público tuvo en el Teatro María Guerrero de Madrid, a fines de 1989 y principios de 1990, bajo la dirección de José Carlos Plaza.

que se narra la historia de un Viajero –otro viajero, como Colón, *el peregrino del mar,* según denominación de Manuel de Falla– atrapado entre dos mujeres –símbolos del Pasado y el Futuro–, con la finalidad de hacer una reflexión irónica de aquellos sentimientos que, aunque nacidos de la realidad, son contemplados desde una perspectiva histórica.

Asimismo, son varios los compositores españoles que, por aquel entonces, preparaban estrenos de óperas como, por ejemplo, Josep Maria Mestres Quadreny, que trabajaba en *Zaratustra o el cap mirar*, basado en un libreto de Joan Brossa –con la colaboración del pintor Antoni Tapies–; Joan Guinjoan que, por encargo de la Olimpiada Cultural Barcelona 1992, preparaba su primera ópera, *Gaudí,* sobre un texto de José María Carandell; Albert Sardá que tenía entre manos una ópera de cámara, sobre guion de Carlos Trías, basado en el libro de Cristina Fernández Cubas, *El año de gracia*; Salvador Pueyo que trabajaba sobre un libreto del dramaturgo Guillem-Jordi Graells, sacado de *Terra baixa*, de Ángel Guimerà; mientras que otros dos destacados escritores, Antonio Muñoz Molina y Clara Janés, preparaban textos para los compositores García Román y Pérez Maseda, respectivamente[143]. Además, se estaban reformando una serie de teatros como el Gran Teatre del Liceu de Barcelona y el Teatro Real de Madrid –que se convertirá en sede del teatro de la ópera de la capital de España–; así como por entonces estaba en construcción el teatro de La Maestranza de

143 Según el citado reportaje de A. Fancelli y J. A. Vela.

Sevilla, con la finalidad de reafirmar este renacimiento del teatro lírico en España.

2.2. Colón y la ópera

Unos breves apuntes sobre óperas sobre el tema. Enrique Franco[144] ha rastreado las huellas que el ilustre navegante ha dejado en el género operístico, desde que en 1690 –probablemente– Pietro Ottobonio lo llevase a la escena. Seguido por las composiciones de Vic Fabrizi (siglo XVIII); Francesco Morlacchi (1828); hermanos Federico y Luigi Ricci (1829); Ramón Carnicer (1931) –con un *Cristóbal Colón*, estrenado en Barcelona–; Vincenzo Fioravanti (1931); Ventura Sánchez de la Madrid (1838) –que estrena su ópera en Sevilla–; Filippo Sangiorgi (1840); Carlo Barbieri (1846); Giovanni Bottessini (1847); Vincenzo Mela (1847); Felizia Lacombe (1865); Carlo Marcora (1869); Bignami (1883) y Raffaele Coppola (1884).

Durante la conmemoración del cuarto Centenario del Descubrimiento, la figura de Colón fue llevada a los escenarios operísticos por Antonio Llanos y Bereta, profesor en el

---

144 En "Cristóbal Colón en la ópera", inserto en el programa de mano de la ópera (págs. 13-15), al que me referiré después. Luis Polanco hizo un resumen del trabajo de Enrique Franco en "Numerosas obras líricas trataron ya la figura del navegante", en *El Periódico de Catalunya* (domingo, 24 de septiembre de 1989, pág. 56).

Conservatorio madrileño de 1875, con *Cristóbal Colón,* que era –según E. Franco– "la refundición ampliada de la ópera estrenada en 1879 con el llamativo título de *¡Tierra!* en la Zarzuela, de Madrid"; por el barcelonés Francisco Vidal y Careta; por el mejicano Melesio Morales y por el turinés Alberto Franchetti que compuso el *Cristoforo Colombo* operístico más divulgado.

Ya, durante el siglo XX –siempre según Enrique Franco–, hay que esperar unos años para que la figura del navegante vuelva a tomar el realce anterior, gracias a las composiciones de Erwin Dressel (1928), con libreto de Arthur Zweininger; Darius Milhaud (1930), con texto de Paul Claudel –autor de *El libro de Cristóbal Colón,* traducido durante la guerra civil por Luis Felipe Vivanco para la Editora Nacional–; Sergio Vassilienko (1938), etc.; así como las óperas colombinas –inéditas– de Giussepp Deigliani y Antonio Marchisio. Tampoco conviene olvidar la famosa *Atlántida,* de Manuel de Falla, basada en el poema de Verdaguer y textos sacros, que, aunque proyectada en 1926, no llegaría a estrenarse hasta 1961 en la Scala de Milán, con los arreglos de su discípulo Ernesto Halffter.

A los datos proporcionados por Enrique Franco habría de añadir, según relata el periodista Juan Ángel Vela del Campo[145], que el compositor español Luis de Pablo intentó "hacer una ópera con Alejo Carpentier sobre el tema del

---

145 En la entrevista con el músico, "Los sonidos del viajero", en *El País Semanal* (núm. 673, sábado 3 / domingo, 4 de marzo de 1990, págs. 54-59).

descubrimiento de América, pero la delicada salud del escritor cubano impidió su culminación"[146].

3. EL COLÓN DE ANTONIO GALA

3.1. Génesis del proyecto

Como es bien sabido, en 1992, se conmemoraba el Quinto Centenario del Descubrimiento de América. Ante el frenesí que vivía España –la España oficial, al menos– preparando semejante efeméride y los recelos que tal hecho histórico despertaba en ciertos ámbitos americanos, Gala exponía claramente su opinión:

> [...] comprendo que numerosísimos personajes, de este y de aquel lado del Atlántico, se nieguen a *celebrar* el V Centenario con diversas excusas. Estoy con los que invitan sólo a *conmemorarlo* o a *reflexionar juntos* sobre el hecho (*DT*, 205).

Solidaria actitud –plena de sensatez– que el escritor ampliaba con una esperanzadora propuesta:

---

[146] Alejo Carpentier, ante la hagiografía del guion radiofónico de Paul Claudel y las propuestas del escritor católico, Leon Bloy, de canonizar a Colón, hizo una *variación* sobre el tema, en su excelente novela *El arpa y la sombra* (México: Siglo XXI, 1979).

> A raíz del V Centenario del mal llamado Descubrimiento del mal llamado Nuevo Mundo, construyamos entre todos un bien llamado mundo nuevo. Un mundo en el que no haya metrópolis, ni seculares resquemores. Porque, si es cierto que los hijos heredan las culpas de los padres, los americanos de hoy estáis perdidos. Mucho más que *nosotros,* los que no hicimos el descubrimiento, ni las misiones, ni la repartición, ni las matanzas, ni las guerras de independencia, ni fuimos jamás criollos, ni nos embarcamos jamás en el *Mayflower.* Entre todos, un mundo nuevo, con el lema de las columnas de Hércules que contradijo el del Mar Tenebroso: *plus ultra,* más allá. Más allá de unos y de otros, de América y de Europa. Hacia la verdadera meta del hombre, luminosa y altísima *(DT,* 206-207)[147].

Con el deseo de hacer una *reflexión conjunta* del Encuentro, Gala compone el libreto de la ópera *Cristóbal Colón*, por encargo de la Comisión Nacional –Sociedad Estatal, luego– del Quinto Centenario. He aquí, en síntesis, la génesis del proyecto[148]. Allá por el año 1983, Aquiles García Tuero, con residencia en Nueva York, recibía una propuesta, por parte de una productora de Broadway, para hacer una *ópera-rock* sobre Cristóbal Colón. La propuesta no entusiasmó mucho al productor asturiano; sin embargo, fue el germen de otra idea, la de

---

147 Propuesta con la que termina *Cristóbal Colón.*

148 Hago un resumen del informe de la Redacción, "El mar de fondo de una *premiere* histórica", aparecido en *El Periódico de Catalunya* (domingo, 24 de septiembre de 1989, pág. 56), con motivo del estreno de la ópera.

realizar "una ópera de corte clásico con música contemporánea sobre la gesta del marinero que, sin proponérselo, descubrió América". Configurado el proyecto, habló con el director de orquesta español Jesús López Cobos que, por aquellas fechas, dirigía en Estados Unidos una obra del músico catalán Leonardo Balada[149]. Del dicho al hecho: Balada se encargaría de la música, López Cobos de la dirección musical, Tito Capobianco de la dirección escénica, contando con Monserrat Caballé y Josep Carreras como protagonistas.

En el ambicioso proyecto quedaban todavía algunos cabos sin atar. Tuero había pensado, en principio, que dicho montaje fuese subvencionado por la norteamericana Fundación Ford, pero en el Concierto de la Hispanidad del 25 de octubre de 1983 –dirigido por López Cobos–, tuvo la oportunidad de conocer a Luis Yáñez, responsable del Instituto de Cooperación Iberoamericano, logrando que dicho organismo subvencionase el proyecto para ser incluido en los actos que España preparaba para la conmemoración de la efeméride.

Faltaba, todavía, libretista. Tuero –según sigue diciendo la crónica periodística que seguimos fielmente– había pensado en dos personas: una española y otra iberoamericana. Finalmente, por decisión de la Comisión del Quinto Centenario, se eligió a Antonio Gala para llevar a cabo la tarea.

---

149 Leonardo Balada nació en Barcelona el 22 de septiembre de1933. Ocupa, en la actualidad, la cátedra de composición en la Universidad Carnegie-Mellon de Pittsburg. Ha compuesto la música de *¡Hangman, Hangman!*, *ópera de cámara* (1982); *Zapata*, *ópera* (1984); etc.

El proyecto de la ópera colombina se cerraba, por lo tanto, en 1984. Ahora, se necesitaba poner manos a la obra. Compositor y libretista, se iban a reunir en agosto de ese mismo año, durante cinco días, para trazar el plan de la obra, "incluyendo –según Leonardo Balada[150]– la estructura básica y las escenas sucesivas, así como la relación de los personajes". Ambos creadores terminaron su trabajo en 1986.

Todo estaba listo para iniciar la preparación del estreno, fijado, en principio, para septiembre u octubre –el día 12– del año siguiente. Pero una serie de dificultades lo impidieron. Ante todo, porque, en julio de 1987, enfermó gravemente Josep Carreras, decidiendo los responsables mantener al tenor como protagonista, aunque tuviese que retrasarse el evento. El director de orquesta, López Cobos, tenía su calendario totalmente ocupado. Las dificultades no iban a quedar ahí. Cuando todo estaba previsto para el estreno[151], la firma de los contratos de los protagonistas requirió una negociación disputada; los

---

[150] Según declaraciones del músico a Albert Mallofré en *La Vanguardia* (sábado, 23 de septiembre de 1989, pág. 33). Idea que repite Antonio Gala en la misma página del citado periódico y día, a la que me referiré después.

[151] *Vid.* Las informaciones y reportajes que se publicaron antes del estreno de la obra como, por ejemplo, las de Agustí Fancelli, "Esto es América. Estreno mundial en el Liceo de *Cristóbal Colón,* un montaje millonario", en la edición barcelonesa de *El País* (Sección *"En cartel"*, viernes, 22 de septiembre de 1989, pág. 4) o los reportajes del mismo periódico (domingo, 24 de septiembre de 1989, págs. 28-29); los dos reportajes-entrevistas de Albert Mallofré en *La Vanguardia* (ya citados); la crónica-entrevista de Joan Matabosch en *ABC* de Madrid (cit.); así como el amplio espacio que *El Periódico de Catalunya* dedicó a la ópera el día del estreno, como veremos luego.

trabajadores del Liceo amenazaron con una huelga[152]; y el tiempo de duración de la obra fue reducido, eliminando muchos compases de la partitura[153].

3.2. El estreno

El estreno mundial de *Cristóbal Colón* tuvo lugar, al fin, en el Gran Teatre del Liceu de Barcelona[154], el domingo, 24 de septiembre de 1989 –Fiesta Mayor de la Merced y día, por cierto, de la rebelión de la marinería en el viaje colombino– bajo la presidencia de los Reyes de España, como primer acto conmemorativo –mascarón de proa– de la importante efeméride del

[152] De la convocatoria de la huelga daba cuenta, por ejemplo, el diario *El País,* en la edición de Barcelona (martes, 19 de septiembre de 1989, pág. 37); así como a la desconvocatoria se referían el citado diario (miércoles, 20 de septiembre de 1989, pág. 38) y *ABC* (20 de septiembre de 1989, pág. 84).

[153] El tiempo que duraría la representación fue un curioso enigma, al no coincidir los datos proporcionados por organismos, partitura y programa. *Vid.* al respecto, A. Fancelli, "El suspense que no falte", en la edición barcelonesa de *El País* (domingo, 24 de septiembre de 1989, pág. 29). Jorge R. Gutiérrez, en *El Periódico de Catalunya* (25 de septiembre de 1989, pág. 3), al dar cuenta del estreno, afirmaba que el telón se abrió a las 21:05 h. y se cerró a las 23:30 h.

[154] El último estreno en el Liceo se había realizado en 1986, al representarse la versión escénica de *Edip i Jocasta*, de Josep Soler.

Descubrimiento[155]. Estreno producido por la Sociedad Estatal del Quinto Centenario y patrocinado por el grupo eléctrico ENDESA del Instituto Nacional de Industria[156].

El coste del montaje –muy elevado–, según las informaciones de prensa, estuvo entre 150 y 180 millones de pesetas (la cifra exacta nunca se supo). La obra, además del día del estreno (el 24)[157] se puso escasos días en escena (el 29 de septiembre y los días 4, 8 y 11 de octubre de 1989), estando previsto que hiciese gira por los escenarios operísticos más importantes del mundo (Nueva York, Moscú, Tokio, Buenos Aires…), así como se pensó hacer una saga operística sobre el Descubrimiento –una trilogía o una tetralogía– que, a la manera

---

155 Ese mismo día *El Periódico de Catalunya* (págs. 55-57), entre otros medios escritos de comunicación, dedicó un amplio y certero reportaje al inminente estreno de la ópera con crónicas de Jorge R. Gutiérrez y Luis Polanco, además de un interesantísimo informe de la Redacción sobre la génesis de la obra, la música, la escenografía, el libreto, el vestuario, la coreografía y unas breves semblanzas de los grandes protagonistas del espectáculo (Leonardo Balada, Antonio Gala, Tico Alcántara y los grandes cantantes que la iban a interpretar).

156 La Sociedad editó un bellísimo programa de mano, *Cristóbal Colón* (Madrid: SEQC, 1989), cuyo contenido describo en mi edición de la obra (Madrid: Espasa-Calpe, 1989, págs. 28 y 29).

157 Entre las muchas crónicas del estreno, pueden verse, por ejemplo, las publicadas el lunes, día 25 de septiembre de 1989, en *El Periódico de Catalunya* (págs. 3 y 5); la edición barcelonesa de *El País* (pág. 31); *ABC* de Madrid (pág. 87); *La Vanguardia* (pág. 25), etc.

wagneriana, explorase todos los matices de tan rico asunto[158] –acciones que nunca llegaron a realizarse–. Un claro despilfarro para el eco que el espectáculo, al final, tuvo.

Un hecho curioso sobre el estreno. *La Vanguardia* daba cuenta, el 25 de septiembre, de la manifestación de la Crida a la Solidaritat, y relataba la siguiente anécdota: una vez que todas las autoridades estuvieron dentro del Liceo, los simpatizantes del grupo independentista catalán escenificaron en medio de la Rambla una parodia de la ópera: "Dos cabezudos –un rey cuyo parecido era más que notable con el alcalde [de Barcelona] Pascual Maragall y una reina peinada al estilo de Marta Ferrusola [la esposa de Jordi Puyol, presidente de la Generalitat]– arrastraron Rambla arriba Rambla abajo a un indio atado del cuello con una cuerda. La acción, sin embargo, apenas duró media hora. "Hay que ir a bailar", dijeron, "que es Festa Major".

Dejaré para los historiadores de la pieza-ópera el estudio pormenorizado de la recepción crítica del espectáculo, que, sin duda alguna, centró la atención de la vida cultural española de aquellos días. La crítica la recibió con juicios de

---

158 Según Antonio Gallego, en "Un Colón para Sevilla", en *ABC (Música Clásica,* núm. 18, jueves, 28 de septiembre de 1989, pág. 1), había varios proyectos operísticos de *Colones* en Sevilla, Madrid y otros lugares. Asimismo, publicaba el argumento llegado a sus manos del *Colón* de la capital andaluza.

todo tipo[159]. Como suele suceder siempre: hubo tirios y troyanos en la recepción de la obra y –también– de su autor.

Roger Alier, en la crítica del espectáculo en *La Vanguardia* (ya citada) trataba de explicar, en parte, lo sucedido. Afirmaba: "El público aplaudió tibiamente el final del primer acto y algo más al final de la obra, aunque reservó los verdaderos aplausos para los cantantes, singularmente a José Carreras, Caballé, Chausson, Vergara, Palatchi y el coro, y propinó un perceptible abucheo al libretista". De tal acción, el periodista señalaba una posible razón: "el texto dice, que fue sólo Aragón quien llegó a Grecia, suprimiendo olímpicamente, con una cortesía que le fue devuelta por el público, toda referencia a Cataluña en este punto del libreto". A ello habría que añadir –aparte de la opinión positiva o negativa que el texto por sí mismo merezca– que Gala no estaba en el mejor de los ambientes por haber expresado su opinión crítica con lo que no le parecía bien de Cataluña, tanto en los escritos periodísticos, en los que ha denunciado, entre otras cosas, la explotación que en ciertos

159 *Vid.*, entre otras, las reseñas críticas, aparecidas el martes (26 de septiembre), de Roger Alier, "*Cristóbal Colón* se hizo finalmente a la mar", en *La Vanguardia* (pág. 33); Pere Bonnin, "Una obra con buenos actores marcada por compromisos", en *El Periódico de Catalunya* (pág. 62); y la más demoledora de Agustí Fancelli, "¡Vaya un Descubrimiento!", en la edición barcelonesa de *El País* (pág. 28). Por su parte, Jorge R. Gutiérrez, subtitulaba su crónica sobre el estreno: "El compositor Leonardo Balada recibe tímidos aplausos y un sector del público abuchea a Antonio Gala" (*El Periódico de Catalunya*, 25 de septiembre de 1989, pág. 3). La crítica más favorable fue la de Antonio Fernández-Cid, "Más sobre *Cristóbal Colon*", en *ABC* (sección *Música Clásica*, jueves, 28 de septiembre de 1989, pág. 8).

sectores catalanes se ha hecho de los andaluces, como, muy especialmente, en *El Hotelito* (Madrid: Espasa-Calpe, 1985), en donde proporciona una visión paródico-crítica de la España de las Autonomías, en general, y de Cataluña, en particular, a través de la actuación de Monserrat, uno de los personajes protagonistas de la obra. Por otra parte, es curioso advertir que *El País* (Barcelona) y *ABC* (Madrid) pasan de puntillas sobre el asunto. Volveremos sobre ello después.

4. EL TEXTO DE GALA

Es hora ya de examinar el texto (el libreto) de *Cristóbal Colón*. Para ello, dividiré el ámbito en varios apartados.

4.1. El formato condiciona la textualidad

En efecto, *forma dat esse rei* ("la forma es lo que da el ser a la cosa") e influye, ineludiblemente en la construcción de cualquier texto. En este caso, Gala se enfrenta, en primer lugar, a un teatro musical, que por otra parte ya había practicado con anterioridad[160].

[160] Como he tenido la oportunidad de estudiar en mi edición de *Carmen Carmen* (Madrid: Espasa Calpe, 1985) y, más extensamente, en el capítulo 16, "Teatro y música: el caso de Antonio Gala", de mi libro, *Teatro de ayer y de hoy a escena* (Madrid: Verbum, 2020, págs. 363-389). *Vid.* además de José Romera Castillo (ed.), *Teatro y música en los inicios del siglo XXI* (Madrid: Verbum, 2016).

Pero sí que es la primera vez que Antonio Gala incursiona en el ámbito de la ópera. Ante el hecho, el escritor afirmaba en una entrevista con Albert Mallofré[161]:

> Sí, mi primera ópera y tal vez la última, pero de momento la primera, efectivamente. Me parece una experiencia interesantísima, porque la música llega a donde no puede llegar la palabra y esta mezcla de música y palabra es apasionante.

Ante todo, es necesario no perder de vista que el texto de Gala, *Cristóbal Colón,* fue en su génesis el *argumento* de una ópera y como tal –quiérase o no– estuvo condicionado por el género en el que se insertaba. En la ópera es preciso conjuntar –como nos decía el escritor– música con palabra; de ahí la imprescindible *colaboración* de los creadores. El dramaturgo –quiéralo o no– está condicionado por el compositor musical –y viceversa–. Ambos han reconocido –como apuntábamos anteriormente– que se pusieron de acuerdo *en lo básico* antes de realizar cada uno, separadamente, su trabajo. Leonardo Balada daba cuenta, más pormenorizadamente, del proceso seguido[162]:

---

[161] En *La Vanguardia* (ya citada). En la misma entrevista, A. Gala confesaba que por aquella época estaba escribiendo su primera novela, *El manuscrito carmesí,* sobre Boabdil, otro perdedor, "de modo que voy a pasar de mi primera ópera a mi primera novela. Estoy como un niño haciendo los primeros palitos".

[162] En su comentario a la obra, aparecido en el programa de mano, *Cristóbal Colón* (cit., págs. 11-12).

> *Cristóbal Colón* se concibió en agosto de 1984 durante cinco días de intensa planificación con Antonio Gala en Madrid. Durante estos días se estructuró la ópera en términos de las escenas y relación de personajes desde el comienzo al final. Después, Gala escribió la letra, la cual se alteró alguna que otra vez –como es corriente– mientras componía yo la música, en espíritu de mutuo respeto y cooperación.

Por su parte, el autor del texto literario, más genéricamente, al referirse a la citada colaboración con el músico catalán, afirmaba[163]:

> Yo soy muy mal colaborador; siempre digo que, si mi apellido fuera Álvarez Quintero, de nombre me tendría que llamar Serafín y Joaquín. A pesar de lo cual, esta colaboración con un músico ha sido bien, bien interesante. Realmente nos pusimos de acuerdo al principio en *lo básico* y luego cada cual trabajó de modo bastante independiente. ·

En segundo lugar, el autor del libreto, al componer un texto para ser cantado –no recitado–, sabe que la extensión de su *escritura* deberá ser corta, por lo que la *historia* dramática estará determinada por la concisión. Asimismo, Gala no ha podido –ni ha querido– perder de vista que en la ópera los personajes han de ser más emblemáticos; que las intervenciones colectivas

---

[163] En la citada entrevista con Albert Mallofré, en *La Vanguardia*.

(los coros) deben tener una destacada presencia; que el diálogo cantado exige menos sutileza y dinamismo que el recitado; así como también, que es necesario estar atento a la teatralidad, la complejidad del montaje, la mayor visualización, etc., tal como el género operístico requiere.

Pero, aunque el texto –sin duda alguna– estuviese condicionado por la modalidad del espectáculo en el que se integraría, sin embargo, puede otorgársele una autonomía teatral específica, si se le analiza *en sí mismo.* Como es bien sabido, la ópera, en sus comienzos, era una *obra de autor.* Después, muy especialmente tras Wagner, la música acabaría imponiéndose a la *escritura.* Antonio Gala vuelve a la circularidad del proceso. *Cristóbal Colón*, aunque primigeniamente estuviese supeditado al género operístico, sin embargo, podemos considerarlo, para el análisis, como un texto teatral más dentro de la trayectoria dramática de Antonio Gala.

4.2. Estructura de la obra

Antonio Gala –como explícitamente pone de manifiesto en "Las palabras previas" a la obra– quiere destacar en *Cristóbal Colón* "dos presencias dramáticas": una, referida a los tres tipos de realidades que funcionan en el texto dramático; y otra, relativa al antagonismo existente entre Colón y Pinzón que, de pasada e injustamente, ha restado importancia a la labor andaluza en la empresa del Descubrimiento. Pero vayamos por partes.

Sobre la primera presencia dramática, Gala quiere destacar lo siguiente:

> Existen –en la vida y en mi ópera– tres vías distintas de la realidad: una, actual, que relata la representación; otra, pasada, que irrumpe en ella incontenible, reclamada por el gozo o la pena o la necesidad de los protagonistas; y otra, ideal o mágica: es decir, una suprarrealidad, que se interpone, casi milagrosa, en la realidad cruda del viaje y en la rememorada. Es lo que de *fatum* tuvo aquella situación límite[164].

Para que quede nítidamente clara la estructuración de la obra, el escritor –a continuación de lo anterior– ilustra el hecho con una situación dramática del segundo acto:

> Por ejemplo, Colón real, imagina lo que sucede en casa de Beatriz Enríquez, y su imaginación resulta ser también real, hasta el punto de que las dos realidades –la cordobesa y la de la nao– se conjuran para producir otra –la tercera de la que hablo–, tan auténtica pero más decisiva.

---

[164] Gala, en declaraciones ya citadas a Joan Matabosch para *ABC,* afirmaba al respecto: "el texto maneja tres planos diferentes de la realidad: por una parte, la trama queda encerrada en la cubierta de la nave *Santa María,* pero salpicada por otra realidad rememorada –alrededor de las vicisitudes que fueron gestando la aventura de Colón– y todavía una tercera que podríamos clasificar de fantástica, que viene a ser una especie de cordón umbilical que une a Colón con su amante cordobesa".

Hay tres *realidades* (la del viaje, la rememorada y la idealizada o mágica) funcionando a la vez en los dos actos de *Cristóbal Colón.* Por ello, la organización interna de la obra está estructurada en tres planos secuenciales, cuya sintagmática es la que sigue: una secuencia base –la realidad del viaje[165]– recorre linealmente el desarrollo del relato; en ella, se incrusta, fragmentariamente, otra secuencia –la realidad recordada, soñada o evocada–, cuya materia narrativa corresponde al pasado; y, como conjunción de las dos, se genera otra secuencia –la realidad idealizada (emblemáticamente representada por las relaciones de Colón con Beatriz)– que nos conduce a esa especie de *realismo mágico* que, en ocasiones, emerge de la *escritura.* Todo termina con un epílogo, en el que se mira un esperanzador futuro.

Como curiosidad indicaré algo al respecto. La opinión de algunos críticos catalanes no fue, en general, muy propicia para el autor del texto escrito. Así, por ejemplo, Pere Bonnin echa en falta dinamismo en el libreto *(El Periódico de Catalunya,* ya cit.), y Agustí Fancelli (*El País* de Barcelona, cit.), tras admitir que "hay honestidad en el texto de Gala", hace una fuerte crítica: "El libreto no está a la altura a la que nos tiene acostumbrados Antonio Gala con otros escritos", tanto por la indefinición de Colón, por la técnica utilizada del recuerdo, en lugar de la del sueño, así como por la escasez de "alucinaciones, menos históricas, pero teatralmente más eficaces", de un puñado de

165 Para esta realidad conviene consultar el *Diario del Descubrimiento* de Cristóbal Colón (Ediciones del Excmo. Cabildo Insular de Gran Canaria, 1976, 2 vols.), excelentemente editado y estudiado por mi maestro don Manuel Alvar.

hombres en la mar; para terminar afirmando: "No estamos abogando por libretos literariamente insulsos, pero sí más funcionales, con personajes más compactos (y hasta un tanto burdos si se quiere). Como Pinzón, por ejemplo: ése sí es un personaje operísticarnente convincente y bien resuelto". Desde otro punto de vista, Antonio Fernández-Cid ("*Cristóbal Colón,* muy ambicioso empeño lírico de Balada y Gala", en *ABC,* lunes, 25 de septiembre de 1989, pág. 87) afirmaba: "El [libreto] de Antonio Gala encierra ese acierto por el que el presente –la salida de Palos, hasta el decisivo grito de "¡tierra!"–, las evocaciones intercaladas y hasta el epílogo de signo futurista se suceden. Hay calidades en el texto, algún momento más pueril, que el público advierte, como lo captaría en tantas y tantas óperas salvadas por el idioma extraño ante nuestros aficionados... la clase de escritor [queda] probada".

5. COLÓN, PERSONAJE PROTAGONISTA

5.1. Personaje histórico y mítico

No es la primera vez que Gala se ha acercado a diversos personajes históricos y míticos para recrearlos, a su manera, dramatúrgicamente. Ahí están, por poner unos botones de muestra, obras como *Anillos para una dama*[166], sobre la Jimena del Cid; *¿Por qué corres, Ulises?*[167], sobre el héroe de la *Odisea* de Homero; *Séneca o el beneficio de la duda*[168] hasta llegar a *Carmen Carmen*[169] y otros textos[170]. El escritor, al preguntarle Albert Mallofré[171] por su propensión a rediseñar figuras míticas, respondía del modo siguiente:

> La recreación de los mitos es un ejercicio apasionante, porque primero, o se les desmitifica y se les baja del pedestal, a nivel del oso humano que les está contemplando, o se les remitifica de otra manera, con otra intención, que es lo que sucede con Carmen o con el Séneca de "el beneficio de la duda" o con el mismo Colón, que ha tenido tan mala suerte con sus iconografías.

También no es la primera vez que Gala trata de *remitificar* la figura del descubridor de América en sus escritos. *Cristóbal Colón*

---

166 Edición crítica –junto con *Los buenos días perdidos*– de Andrés Amorós (Madrid: Castalia, 1988).

167 En *Obras Escogidas* (Madrid: Aguilar, 1981, págs. 689-775. Con prólogo de Fausto Díaz Padilla).

168 Edición, con prólogos de José María de Areilza y Javier Sádaba (Madrid: Espasa-Calpe, 1987).

169 Edición, con prólogo mío (Madrid: Espasa-Calpe, 1986).

170 Antonio Gala se había acercado, además, a ciertos personajes históricos en guiones de algunas series de televisión como *Si las piedras hablaran, Paisaje con figuras,* etc.

171 En la entrevista ya citada.

fue un guion para televisión de la segunda serie de *Paisaje con figuras*[172]. En el guion se focalizaba el personaje de la manera siguiente:

> He querido mostrároslo en las Islas Canarias. Cuando, ya superados los peores obstáculos, pisa por última vez tierra conocida, antes de adentrarse –con temor y temblor– en la mar tenebrosa y no surcada. Cuando quebranta de verdad el *non plus ultra* y el *finisterre.* En unas playas y unos paisajes que presienten la grandiosidad, la soledad y el exotismo de aquellos a los que, a tientas, se dirige[173].

Para poner de manifiesto, a continuación, la técnica dramática –tan paralela a la que veremos luego[174]– que seguirá en el relato de la historia:

---

[172] *Paisaje con figuras* (Madrid: Espasa-Calpe, 1985, 2 vols.). El guion en el vol. 1, págs. 225-242; con prólogo de Pedro Laín Entralgo). Otros guiones en el mismo volumen, relacionados con el tema son: "Juan Sebastián de Elcano" (págs. 49-62) y "<Francisco de Pizarro" (págs. 143-155).

[173] *Ibidem,* pág. 227.

[174] Adelantemos que los dos primeros parágrafos del guion son casi coincidentes con los dos primeros de "Las palabras previas" a *Cristóbal Colón*:: "Cuando se acabó de conquistar Granada, en lugar de dedicarse a arreglar la casa que llevaba ocho siglos trastornada. España se despendoló; en lugar de reducirse a ese patio interior que es el Mediterráneo, se volvió más ventanera que nunca. Castilla no cupo en sí de gozo: rebosaba; hecha a la desventura y la aventura, se puso una vez más fuera de sí... Fue necesario redondear el orbe, descubrir el Nuevo Mundo. Ningún descubrimiento es cosa individual; suele ser la gesta de un pueblo. Pero toda pirámide tiene, más alto que la base, un vértice: la Historia es muy amiga de personificar. El descubrimiento de América se concreta en Colón, predestinado e impulsado por su certeza, su desasosiego y su ambición... A veces, obedecer a un destino cuesta más fatigas aún que desobedecerlo. Ése es el caso de Colón: su ciega fe lo arrastra, y es la falta de fe de los demás lo que lo enaltece a nuestros ojos" *(Ibídem).*

Cristóbal Colón mezcla aquí el pasado, recordando su vida; el presente, despidiéndose de la realidad tangible todavía; el futuro, caminando hacia el ensueño. Hasta concluir con la exaltación de su primera carta escrita desde lo que iba a ser América, aunque él no lo sabía. En las islas Canarias hubo un día en que el atlas de este mundo abrió sus goznes más secretos[175].

5.2. Colón como perdedor, extranjero y judío converso

Es preciso tener en cuenta que Gala ha querido ampliar el radio de acción de su texto, como él mismo señala en "Las palabras previas" a la obra: "ningún descubrimiento es algo individual: suele ser una gesta colectiva". Sin embargo, esa empresa tendrá su concreción en la figura del Almirante:

> Lo que sucede es que toda pirámide tiene, más alto que la base, un vértice, y que la Historia es muy amiga de personificar, porque se ha acostumbrado a nuestras simplificaciones. El

[175] *Ibídem*. El periodista Joan Matabosch, en la ya citada crónica de *ABC*, reseñaba lo siguiente: "Gala recordó que había tratado la figura de Colón en uno de los capítulos de su *Paisaje con figuras* televisivo y aseguró que se había planteado el personaje operístico desde unas mismas premisas".

Descubrimiento se concreta en Colón –predestinado e impulsado por su certeza, por su desasosiego y su ambición[176]–.

Como es bien sabido, en Europa, la ópera en unos momentos históricos fue vehículo de recios nacionalismos –el caso italiano, entre otros, es paradigmático–; mientras que en España –pese a los esfuerzos de músicos como Felipe Pedrell– los rumbos irían por otro lado. Gala no dibuja el personaje de Cristóbal Colón desde una óptica de exaltación nacional por dos razones: una, porque no le van los nacionalismos de vía estrecha; y otra, por los problemas que tiene el intrépido navegante con el lugar de nacimiento.

El autor de *Charlas con Troylo* presenta la figura de Colón, básicamente, como perdedor, como extranjero y como judío converso. Gala, frente a la desmitificación que hace de otros personajes como los de doña Jimena o Ulises, ha pretendido *remitificar* al Almirante. Aunque la obra fuese hecha *por encargo* –otro aspecto que no se debe perder de vista–, "como pórtico luminoso del '92 y del Descubrimiento", la perspectiva que adopta el escritor no es la de narrar los hechos desde el

176 Antonio Gala, en las ya citadas declaraciones a Joan Matabosch en *ABC,* afirmaba que el objetivo explícito de su obra era "el viaje humano y colectivo del protagonista".

triunfalismo, sino desde la óptica del *perdedor*[177], según él mismo señala:

> [...] la figura de Colón me ha interesado siempre, como perdedor, porque él sabía que iba a perder. Y perdió. Se murió sin saber que había descubierto América y sin que los Reyes cumplieran las capitulaciones que habían pactado[178].

Juicio que a continuación se encarga de matizar:

> El mérito del abnegado no se lo encuentro porque probablemente le hubiera costado más resistirse a cumplir su destino que el esfuerzo que le costó llevarlo a cabo[179].

---

177 Conviene no olvidar que Gala en su primera novela, "como cara amarga y oscura" del Descubrimiento y como compensación de la visión triunfalista del acontecimiento, trata sobre los vencidos de 1492, "los árabes y los judíos que perdieron en la Península Al Andalus y Sefarad, sus tierras de promisión" (*Vid.* la entrevista ya citada con Albert Mallofré).

178 *Ibidem.*

179 *Ibidem.* A. Gala en la entrevista sigue reiterando ideas que hemos anotado anteriormente: "Pero ya lo tengo dicho, si yo hubiera sido Colón y hubiera descubierto América, me hubiera callado. Porque estas cosas se callan. Y seguramente los indios nos lo hubieran agradecido. Y nosotros nos hubiéramos dedicado al Mediterráneo y a Europa, que era lo nuestro. Porque nunca se hizo una inversión tan mala como la del descubrimiento de América".

Pero, además, la figura de Colón se perfila en el texto como extranjero y como judío converso –siguiendo la tesis de Salvador de Madariaga[180], según el propio Gala pormenoriza. Ante todo, por su lengua:

> En las notas que Colón escribió en sus libros se le advierte un castellano bastante arcaico para finales del siglo XV. Por esto sospecho, con Madariaga, que Colón descendía de una familia, judía, que emigró de tierras aragonesas sobre 1431 hacia Italia, quizás a Génova. Por esto su castellano era el que siguió hablando su familia en el exilio[181].

Después, por los condicionantes psicológicos que se achacan a los judíos:

> Y hay todavía una cosa que lo confirma en el ámbito psicológico y es que en la enumeración de las capitulaciones, las peticiones de Colón ante los Reyes Católicos son tan exageradas, tan abusivas –por supuesto los Reyes no pensaban cumplirlas y por esto las firmaron, ya que en ningún caso ninguna capitulación era cumplida por los Reyes Católicos– pero él se encuentra reivindicando tanto, tantísimo, que aparece como el reconocimiento de su raza que acababa

---

[180] En *Vida del muy magnífico señor don Cristóbal Colón* (Madrid: Espasa-Calpe, 1984, 4ª edición; editada con anterioridad en Buenos Aires: Suramericana, 1940).

[181] En la citada entrevista con Albert Mallofré.

de ser expulsada. Algo como un deseo de vengarse de la mala pasada que se le ha hecho a su pueblo[182].

Finalmente, se dibuja un Colón que, como judío, tiene en mente un mesiánico proyecto:

> Y se advierte asimismo como un deseo de fundar una nueva Jerusalén en las tierras que buscaba, que él no pensaba que fueran nuevas, ya que se dirigía a los países de Oriente por el otro lado[183].

Descubrimiento igual a gesta colectiva, concretada en un Colón perdedor, judío y extranjero[184]. ¿La patria del navegante? ¡Es lo de menos! Lo importante es que detrás había una tierra sustentadora y sostenedora:

> Colón, cualquiera que fuese su lugar de nacimiento, sin Castilla no se habría hecho a la mar cuando se hizo.

---

182 *Ibidem.*

183 *Ibidem.*

184 Agustí Fancelli, en la crítica del estreno en la edición barcelonesa de *El País,* ya citada, al denunciar que el libreto no conseguía "establecer una adecuada sintonía con el género lírico", ejemplificaba su tesis echando en falta una clara definición del protagonista: "demasiados detalles van añadiéndose al personaje a lo largo de la obra, hasta que, lejos de enriquecerlo, lo diluyen. Colón es un ambicioso, pero también un sentimental; un hábil político, pero también un soñador; un intrépido, pero también un personaje lleno de dudas. Y eso dentro de un escrupuloso respeto por la historia documentada de Colón".

5.3. Colón *vs.* Martín Alonso Pinzón

El otro gran *axis* dramático que Gala ha querido resaltar en *Cristóbal Colón* –según indica en "Las palabras previas"– está referido al antagonismo entre Cristóbal Colón y Martín Alonso Pinzón –el único Pinzón que aparece en la obra– y la importancia que tanto éste como los marineros andaluces tuvieron en tan ardua empresa:

> La segunda presencia dramática es un convencimiento... El antagonismo –que tras el Descubrimiento se exacerbó, pero que ya latía– entre Colón y Pinzón no es un invento. Ni el antagonismo, ni sus motivaciones. Al utilizarlo, de pasada, resolvía algo que me atormentó siempre, una injusticia que anhelaba denunciar: la trascendental importancia de Pinzón y de los marineros andaluces en el Descubrimiento de América, no siempre aquilatada.

Para la visualización de este antagonismo, el dramaturgo marca, en la primera acotación, el lugar en el que estarán los dos rivales:

> Cada uno de los protagonistas –Colón y Pinzón– ocuparán, de preferencia, un extremo propio del escenario.

6. OTROS SIGNOS ESCÉNICOS

La materia narrativa de los tres planos secuenciales, al que nos hemos referido con anterioridad, está en íntima relación con el espacio y el tiempo. Para la primera secuencia, el escenario es fijo: la cubierta de la nao Santa María y el tiempo abarca el período que va desde la salida de Palos hasta la llegada a las tierras del continente americano. Para la segunda y tercera secuencias, Gala recurre a las técnicas teatrales que señala en la primera acotación de la obra:

> Sin embargo, tanto el escenario fijo cuanto el tiempo real o presente, se ven modificados por las evocaciones de los personajes. Además de la letra y de la música, la escenografía, con sutiles cambios de decorado y de luces ha de acompañar a los espectadores en ese vaivén de lugar y de espacios.

Veamos algunas observaciones sobre la escenografía. Bajo el titular, "Simbolismo para romper fronteras", *El Periódico de Catalunya* (domingo, 24 de septiembre de 1989, pág. 57), se refería del modo siguiente a la escenografía que se iba a ver en el estreno de la obra: "La puesta en escena corresponde a un concepto simbólico. Una representación esquemática del mundo tal y como se comprende tras el viaje de Cristóbal Colón preside el escenario, rodeada de elementos que sugieren más que representan los ambientes en que transcurre la acción". Para sostener a continuación: "Así, este concepto polivalente de escenografía permite que la misma idea se convierta en la nave capitana de la travesía colombina, la Santa María, en la Corte de los Reyes Católicos, en el puerto de Palos o en la tierra americana recién descubierta. Original de Mario Vanarelli, la puesta en escena diseñada para *Cristóbal Colón* recoge el carácter de romper fronteras que ha dado al descubrimiento su importancia actual".

Roger Alier, en la crítica del estreno, afirmaba: "La presentación del espectáculo fue francamente vistosa, con una plataforma central giratoria, sobre la que se situaba el puente de la Santa María, y tras del cual se acoplaba, o aparecía sola, media esfera armillar de gran efecto, aunque uno, maliciosamente, no dejaba de pensar a veces en un gigantesco sorteo de la Lotería Nacional. De todos modos, el constante revolverse de los elementos móviles del escenario acababan por fatigar un poco".

Y finalmente, A. Fancelli reseñaba: "vistosa –y cara– puesta en escena, con unas plataformas giratorias que van delimitando espacios: la cubierta de la Santa María, el puerto de Palos, el palacio de los Reyes, por poner ejemplos". Y Pere Bonnin indicaba: "La escenificación de Tito Capobianco, en principio difícil a los *flash back* concebidos por el libretista Antonio Gala, merece parabienes. Consiguió dar claridad a los distintos niveles en que se desarrolla la obra sirviéndose de la bola del mundo y de la popa de la carabela".

Volvamos al espectáculo. El escritor –muy amante, como Valle-Inclán, de dejar todo atado y bien atado en las acotaciones teatrales– pone, a continuación, ejemplos de los dos procedimientos. Por lo que respecta al primero –cambio de decorados–, señala algunos casos:

> Las velas podrán recogerse con las jarcias y los cabos para transformar la nave en un encortinado salón cortesano; el castillete podrá convertirse en solio de los Reyes Católicos; la plataforma de popa en la modesta casa judía de Beatriz en Córdoba.

El segundo aspecto, el de la luminotecnia, Gala lo ilustra del modo siguiente:

> Por ejemplo, cuando la cubierta haya de transformarse en la orilla del mar, al principio de la segunda parte, será la luz la que lo haga, retrocediendo para ello los protagonistas en la fingida borda de la nao.

Veamos algunas reseñas al respecto. Roger Alier indicaba: "hay que agradecer el concurso de las luces por la variedad que dieron a la escena. Pobres, en cambio, las proyecciones (sobre todo, la reiterada de las olas) y tímido el uso del láser al final del espectáculo". Por su parte, Pere Bonnin señalaba: "Las transparencias proyectadas al fondo del escenario y en la vela situada en primer plano constituyen las necesarias alusiones –alta mar, origen judío de Colón, cultura indígena– para enmarcar los sucesivos momentos de la obra". Y Albert Mallofré, al reseñar el estreno un día después, en *La Vanguardia,* escribía: "El público admiró mucho la movilidad del espacio escénico y la iluminación –rayos láser incluidos– observando especialmente esta vez que el seguimiento lumínico de los actores durante la representación fue operativo y eficaz, lo que es una excepción en las costumbres de nuestro Gran Teatre".

Pero volvamos a las indicaciones de Gala. Lo visual tendrá mucha importancia en la diferenciación de las realidades, como señalará el autor de *Samakarda* al final de la larga y significativa acotación:

> Entre la realidad del viaje y la otra realidad –soñada– a veces, recordada otras, evocada las más, idealizada siempre– quizá deba haber alguna diferencia visual, como si los movimientos de los personajes fuesen más lentos, otra la luz, más inconcretos los perfiles de las cosas, menos pesados los ropajes…

7. PARA CERRAR…

Señalaré que el texto está compuesto en verso, en verso libre. Es la primera vez que el escritor –con tantos atisbos de poeta[185]– realiza –en su integridad– una obra dramática en esta modalidad discursiva. Además de pedirlo el carácter lírico –y cantable– del primitivo libreto, la escritura del texto alcanza un ritmo poético de gran interés literario.

Antonio Gala ha compuesto –a su manera–, un drama histórico inspirado en hechos reales de vida e historia del descubridor de América, que constituye un peldaño más de su trayectoria teatral[186]. El objetivo final de *Cristóbal Colón* –como el propio autor reiteradamente ha señalado– no es el de contar *la* historia, sino *una* historia. Un modo de ver esta historia que se puede confrontar con *otros* modos de contarla[187] y, sobre

---

[185] No conviene olvidar la afición de Gala por la poesía (en 1959 recibió el accésit del premio Adonáis por *Enemigo intimo). Vid.* lo que señalo al respecto en mi edición de *Los verdes campos del Edén* y *El cementerio de los pájaros* (cit., págs. 27-28).

[186] El texto de *Cristóbal Colón* se publicó también en el programa de mano del estreno (págs. 23.43), según indicábamos anteriormente, aunque Gala, por lo que pude ver al corregir pruebas de imprenta de mi edición, realizó algunos leves retoques al texto primigenio.

[187] Véase, por ejemplo, de Stephen Marlowe, *Memorias de Cristóbal Colón* (Madrid: Mondadori, 1988). En mi estancia en la capital de México –febrero de 1990– tuve la oportunidad de ver, en la Sala Capitular del Museo del Carmen, el montaje teatral, *Descubrimiento,* basado en la obra *Cristóbal Colón,* del escritor heleno Nikos Kazantzakjs (1883-1957) –autor de *Alexís Zorba el griego, La última tentación de Cristo,* etc.–, bajo la dirección de Alexandro César Tamayo, tan distinto del texto de Gala.

todo, con *otros* comentarios críticos[188]. Como, por ejemplo –a partir de ahora–, el tuyo…

8. PALABRAS PREVIAS DE ANTONIO GALA

Apenas se acabó de conquistar Granada, en lugar de dedicarse, con exclusión de todo los demás, a ordenar una casa que llevaba ocho siglos trastornada, España se despendoló; en lugar de reducirse a ese patio de luces que es el Mediterráneo, se volvió más ventanera que nunca. Castilla no cupo en sí de gozo: *ancha es Castilla,* pero rebosaba. Hecha a la aventura y a la desventura, se puso una vez más fuera de sí. Y fue necesario redondear el orbe; fue necesario descubrir la otra mitad del mundo. (Porque, piense cada cual lo que quiera, para Europa aquello sí fue un descubrimiento –se descubre lo que no se sabe que existe, o se ha olvidado–: como lo hubiese sido, para los indios luego americanos, encontrar a Europa.)

Sin embargo, ningún descubrimiento es algo individual: suele ser una gesta colectiva. Lo que sucede es que toda pirámide tiene, más alto que la base, un vértice, y que la Historia es muy amiga de personificar, porque se ha acostumbrado a

---

188 Rehago mi "Prólogo" a mi edición de *Cristóbal Colón* (Madrid: Espasa-Calpe, 1990, págs. 9-65). *Vid.* además el apartado III:5, "Algo más sobre *Cristóbal Colón*", de mi libro *Con Antonio Gala (Estudios sobre su obra)* (Madrid: UNED, 1996, págs. 218-226), así como la reseña de la edición de Asela Rodríguez Laguna, *Estreno* XVIII.1 (1992), págs. 52-53.

nuestras simplificaciones. El Descubrimiento se concreta en Colón –predestinado e impulsado por su certeza, por su desasosiego y su ambición–. En ocasiones, desobedecer un destino cuesta más fatigas aún que obedecerlo. Tal es su caso: su ciega fe lo arrastra, y es la falta de fe de los demás lo que a nuestros ojos lo enaltece. Acaso el hecho se habría producido (porque la Tierra estaba de parto, y apenas le era dado esperar más), pero no de la forma en que se produjo. Colón, cualquiera que fuese su lugar de nacimiento, sin Castilla no se habría hecho a la mar cuando se hizo.

Pero, sobre todas esas consideraciones, había dos presencias dramáticas que yo deseaba evidenciar. La primera, que existen –en la vida y en mi ópera– tres vías distintas de la realidad: una, actual, que relata la representación; otra, pasada, que irrumpe en ello incontenible, reclamada por el gozo o la pena o la necesidad de los protagonistas; y otra, ideal o mágica: es decir, una suprarrealidad, que se interpone, casi milagrosa, en la realidad cruda del viaje y en la rememorada. Es lo que de *fatum* tuvo aquella situación límite. Por ejemplo, Colón real imagina lo que sucede en casa de Beatriz Enríquez, y su imaginación resulta ser también real, hasta el punto de que las dos realidades –la cordobesa y la de la nao– se conjuran para producir otra –la tercera de que hablo–, tan auténtica, pero más decisiva.

La segunda presencia dramática es un convencimiento. Nunca aspiré a escribir una ópera que contuviera tribulaciones de amor, asesinatos, envenenamientos, suicidios, ni otros desastres parecidos: no soy partidario de maquillar la Historia, y además, me horrorizaba la idea de producir una ópera *tradicional,* cosa que detesto. Podría opinarse que el recurso que empleé, para no caer en ello, fue una técnica. No: me lo suministró la historia verdadera. El antagonismo –que tras el Descubrimiento se exacerbó, pero que ya latía– entre Colón y Pinzón no es un invento. Ni el antagonismo, ni sus motivaciones. Al utilizarlo, de pasada, resolvía algo qué me atormentó siempre, una injusticia que anhelaba denunciar: la trascendental importancia de Pinzón y de los marineros andaluces en el Descubrimiento de América, no siempre aquilatada. Y tal imprescindible unión de fuerzas y de ansias para crear la Historia brilla en las escenas con que finaliza la primera parte de la ópera, donde el recuerdo de Pinzón se inunda con la suave vera de la mar de Palos y con su pueblo alegre, resignado y orgulloso.

Antonio Gala

9. SINOPSIS DE LA OBRA

Para constatar y reiterar lo expuesto anteriormente, reproduzco la sinopsis de la obra, publicada en el programa de mano del estreno (cit., pág. 17)[189].

Acto I

«La ópera se inicia con los marineros en cubierta de la nao Santa María y las mujeres en la orilla del mar despidiendo a sus hombres. Todos cantan la salve. A su vez Colón y Pinzón hacen augurios por un viaje feliz en medio de temores e incógnitas. Al fin de la escena, Colón ordena que se leven las anclas.

»La siguiente escena nos sitúa en el recuerdo[190], en el convento de La Rábida el año anterior. El franciscano fray Antonio de Marchena ha reunido a Colón y a Pinzón con el

---

[189] Respecto a algunos pasajes de la obra iremos señalando comentarios críticos que se hicieron en la prensa, a raíz del estreno, sobre la puesta en escena, fundamentalmente, para información del receptor en general y, muy especialmente, de los estudiosos de la semiótica teatral. Reproduzco tal cual la sinopsis, aunque, como se podrá comprobar, le hubiese venido muy bien un retoque por lo que a los signos de puntuación se refiere.

[190] Pere Bonnin indicaba en su crítica: "El detalle en la primera escena de dejar un doble de Colón en el timón, mientras el recuerdo del almirante se desarrolla en el primer plano del escenario, da la pauta para las sucesivas combinaciones entre el plano real y el plano imaginario".

propósito de unir los esfuerzos de los dos en una empresa que ambos habían concebido independientemente. Colón narra su pasado y sus sueños en descubrir un nuevo camino hacia el oriente y canta convencido de que hay "tierras por descubrir que nos llaman". Seguidamente y como parte del recuerdo, se nos sitúa con los Reyes Católicos. El rey Fernando afirma que Aragón tiene bastante con sus empresas por el Mediterráneo[191]; la reina Isabel por su parte explica su prioridad por la conquista de Granada. Si bien muestra cierto interés por el proyecto de Colón, en su aria nos dice: "Mientras el Rey y yo conquistamos Granada, los expertos oirán vuestras ideas y decidirán". Los expertos son miembros de una comisión en Salamanca: en esta escena –entre grotesca y dramática–, el Consejero, Tesorero, General, el Científico y el Obispo hacen sus comentarios negativos mientras Colón va de en uno en uno como en un juego de pelota tratando de convencerles de la validez de sus ideas. La comisión lo despide con un NO rotundo a la vez que lo tacha de loco[192]. Vuelve el recuerdo al convento de La Rábida. Ahora

[191] Roger Alier, con clara inclinación geográfica, afirma en la crítica del estreno: "Muy de agradecer, dicho sea de paso, que Balada enseñe la pátina catalana en el momento en que el Rey Fernando nos habla de su propio reino, con una breve alusión musical a *Els Segadors*". Señala el crítico, a continuación, que la referencia exclusiva a Aragón, y su llegada a Grecia –eliminando el nombre de Cataluña–, sirvió para que algunas personas abucheasen al libretista, como hemos indicado anteriormente.

[192] "El momento más brillante de la obra –según Agustí Fancelli– es cuando Colón aparece ante la comisión de expertos que le niegan toda ayuda para emprender el viaje: ahí surge el mejor Balada, porque el compositor se inclina descaradamente por *su* personaje y siente como profundamente ridículas las críticas que a él mueven los supuestos expertos".

es Pinzón quien presenta su caso y afirma que sus ideas sobre el viaje a occidente surgieron de un mapa que le fue entregado por un cardenal de la corte del Papa. Marchena cree en las ideas de los dos navegantes y escribe una carta influyente a la reina Isabel abogando por su apoyo. Antes de volver al trono de los Reyes, la escena nos sitúa brevemente en el presente, con los marineros en un ambiente jovial. Seguidamente, y en el recuerdo, Colón asciende las gradas del trono de los Reyes. A ellos se dirige y expone una letanía de demandas y condiciones, imprescindibles para llevar a cabo la empresa[193]. Isabel, en un aria se lamenta de que, debido a la recientemente concluida conquista de Granada, "está exhausto mi pueblo y agotadas mis arcas...". Con un "Adiós amigo" despide al navegante. Apenas desaparecido Colón, el rey contradice a la reina: "Demasiado sensata. Nada arriesga Castilla si nada se descubre". Convencida la reina, hace llamar inmediatamente a Colón[194]. En un lírico dueto Isabel y Colón se congratulan de la histórica ocasión y dan gracias a Dios "porque eligió la hora y el momento en que nos encontrásemos".

---

193 Pere Bonnin, al referirse al recorte que sufrió la obra –de cincuenta y cinco minutos, según su cronómetro–, afirma: "aunque la escena en que Colón pide a Pinzón que se una a la aventura queda poco clara. En cambio sí se entienden, a pesar del recorte, las exigencias de Colón, que la reina rechaza".

194 Sobre este acontecimiento teatral, Antonio Fernández-Cid afirmaba en *ABC* (25 de septiembre de 1989, pág. 87) que Gala peca de *radicalismo* al producirse, en segundos, el cambio de la negativa a la aceptación del proyecto colombino.

»Sin embargo, la realidad presente es muy distinta. Sobre la cubierta los marineros conspiran y murmuran descontentos. "Pinzón, tenemos miedo" exclaman. "Hombres de poca fe" les responde Pinzón. "¡Recordad! todo empezó una clara mañana en el puerto de Palos". Ahora Pinzón evoca una escena llena de color andaluz. Mientras las vecinas cosen resignadas las redes que sus hombres usarán para pescar, él exhorta al pueblo de Palos a que le acompañen a la gran empresa: "Vamos en busca del oro de la fama embarcaos con nosotros..." y el pueblo responde: "Sí, sí", mientras se unen en un esperanzado abrazo. De repente, la llegada de Colón interrumpe este momento de euforia: "¡Pinzón! ya no son necesarias vuestras naves". Con las cartas de los Reyes con poderes quiere convertir la empresa en un hecho personal sin la colaboración de Pinzón. Sigue una tensa disputa entre los dos navegantes, pero finalmente Marchena consigue el apaciguamiento y la colaboración entre ellos[195]. En

---

195 Pere Bonnin, en *El Periódico de Catalunya* (cit.) sostiene: "Al sellar Colón y Pinzón su pacto, la aceptación de los marineros queda elemental. En cambio, el subrayado orquestal del apretón de manos alcanza un alto grado de dramatismo". Para Antonio Fernández-Cid (en *ABC,* 25 de septiembre de 1989, pág. 87), Gala peca otra vez –la segunda– de *radicalismo* al hacer que, en un instante, gracias a la mediación del padre Marchena, "las disputas de Colón y Pinzón, a punto del desafío, se acaben".

medio del canto y el baile, concluye eufóricamente el primer acto"[196].

Acto II

«Breve vuelta al presente. Pinzón y Colón vuelven al recuerdo. Colón –cuyo origen judío queda bien patente– evoca a su raza "expulsado embarcando entre lágrimas", a la vez que una peregrinación de judíos cruza el escenario en canto triste y desolador. Por otro lado, Pinzón evoca a las mujeres de Palos que en procesión van a despedir a los marineros. Los dos grupos unidos concluyen con un adiós dramático: los judíos a su tierra; las mujeres a sus hombres.

»Brevemente de nuevo a cubierta. La tensión entre Colón y Pinzón se hace más patente al acusarle éste de terquedad y soberbia.

»Después de la despedida de un pueblo y de una raza, Colón hace ahora la despedida de su corazón, de su amante

---

[196] A. Fancelli señala en su crítica que el compositor Balada realizó "una personal inclusión de temas etnológicos (el primer acto acaba con una prolongada seguidilla) que, se pretenda o no, nos acercan a la zarzuela. Estas seguidillas fueron lo mejor del trabajo coreográfico". Por su parte, Pere Bonnin indica: "La introducción de la jota popular, con coro y ballet, que responde a la alegría por el pacto, permite un final apoteósico del primer acto, pero resta profundidad al mensaje". ¿Con qué composición quedarse? ¿Seguidillas? ¿Jota…? Señalar, finalmente, que, según Roger Alier, "el público aplaudió tibiamente al final del primer acto".

Beatriz en Córdoba[197]. En un dueto, los dos sueñan... sueños de amor y de gloria. Pero repentinamente, en la nave, Pinzón le saca del recuerdo. "¡Capitán! ¡Quiero hablar de hombre a hombre con vos. Quiero pediros cuentas!" le grita, a la vez que le exige cambiar el rumbo de las naves y le hace notar el estado de rebeldía de la tripulación. Tras momentos de gran tensión, Colón accede y ordena rumbo al Suroeste.

»Sumergido en la desolación vuelve Colón al recuerdo, a las animosas palabras de la reina, quien en un aria mantiene el fuego vivo y la esperanza del Almirante. Sin embargo, en la nave los marineros ya están en plena rebeldía: "¡Librémonos del extranjero!" gritan. Ahora se alterna el dramatismo de los marineros con las reflexiones líricas de Colón y Pinzón. Todo parece perdido para aquél y se fija en dos días el plazo para encontrar tierra o, en su defecto, regresar. Sumergido en la más honda depresión, Colón reflexiona en su última aria –apoyado por agudos violonchelos– sobre la futilidad de su empeño. Al terminar el aria y sobre el ruido desolado del mar, el recuerdo irreal de Colón oye la voz de Beatriz, quien en Córdoba duerme al niño Hernando –hijo de ambos– con una nana. En un breve dueto, ella da ánimos a Colón haciéndole revivir sus sueños de gloria, mientras los marineros en la realidad del presente interrumpen esporádicamente y de forma amenazante este sueño.

---

[197] Roger Alier señala: "Hay otros aspectos notables en la obra, como el tono netamente andaluz y curiosamente profundo de los pasajes de Beatriz Enríquez".

Parece todo perdido, pero precisamente al segundo día se oye el grito de "¡Tierra!"[198].

»La escena que concluye la ópera es a modo de epílogo. Los agudísimos violines y el ruido de los pájaros sugieren otro mundo. Es el amanecer y así lo cantan los indios. Poco después el coro de indios[199] alternará con otro coro que simbolizará el resto de la humanidad[200]. La Reina, Colón y Marchena dan sus gracias al Creador, y en lo que viene a ser un "collage" simbólico e irrealista, hacen predicciones de un futuro tecnológico. Cantan su esperanza en la humanidad a la vez que los coros su temor por la misma. Han transcurrido

---

198 Pere Bonnin señala sobre el hecho: "...el momento más emocionante de la obra es cuando, tras la rebelión de la marinería –que por cierto se produjo también un 24 de septiembre–, el grumete grita '¡Tierra!'. El compositor ha sabido acentuar con reposos orquestales la intensidad dramática de la situación, que se acrecienta con la introducción del coro de marineros". Por su parte, A. Fancelli, refiriéndose a este episodio, termina su dura crítica del modo siguiente: "La obra se encamina hacia la conclusión con el conocido '¡tierra!', el 'tierra a la vista' de nuestra leyenda colectiva. Y una cosa es tierra en la vista y otra arena en los ojos del espectador. Y ojos que no ven, corazón, ¡ay!, que no siente".

199 Según A. Fancelli: "los indios del final, con sus plumas y máscaras incas, moviéndose al conocido ritmo cuaternario de los apaches de las películas –'bóm-bom-bom-bom; bóm-bom-bom bom'– chirrían considerablemente".

200 Según Pere Bonnin: "El ballet final, que representa el primer contacto de los viajeros con los indígenas, y la reflexión cantada de Colón sobre el futuro del Nuevo Mundo, quedan demasiado esquemáticos".

quinientos años[201] y el mundo, en su ajetreo, corre el peligro de su propia destrucción. Al fin, sin embargo, prevalece la esperanza en la paz[202].

[201] En la edición barcelonesa de *El País,* en el epígrafe de la redacción, "En cubierta de la Santa María" (25 de septiembre de 1989, pág. 31), se lee: "La música electrónica está presente sólo al final de la obra, cuando, tras el grito de '¡Tierra!', surge de la lejanía un canto indio que rápidamente enlaza con sonoridades propias de los viajes espaciales, con el fin de establecer un puente entre aquel viaje de hace quinientos años y los actuales descubrimientos espaciales".

[202] Según Roger Alier, el público aplaudió "algo más al final de la obra, aunque reservó los verdaderos aplausos para los cantantes".

PUBLICACIONES DE JOSÉ ROMERA CASTILLO SOBRE ANTONIO GALA

1. Libros

– (1996). *Con Antonio Gala (Estudios sobre su obra)*. Madrid: UNED, 335 págs. (*Aula Abierta* n.º 100; con "Pórtico" de Antonio Gala).

– (2024). *Antonio Gala a escena*. Vigo: Eds. Invasoras.

2. Ediciones de obras

– (1986). Antonio Gala: *Los verdes campos del Edén* y *El cementerio de los pájaros*. Barcelona: Plaza & Janés (*Biblioteca Crítica de Autores Españoles*, n.º 52). [Introducción, págs. 15-118.]

– (1988). Antonio Gala: *Carmen Carmen*. Madrid: Espasa-Calpe (*Colección Austral*, n.º 65). [Prólogo, págs. 9-44.]

– (1990). Antonio Gala: *Cristóbal Colón*. Madrid: Espasa-Calpe (*Colección Austral*, n.º 138). [Prólogo, págs. 9-65.]

– (1999). Antonio Gala: *Las manzanas del viernes*. Madrid: Espasa Calpe (*Colección Austral*, n.º 486). [Prólogo, págs. IX-XXVII.]

3. Artículos

– (1986a). "*Rosalía de Castro* (una figura en su paisaje) de Antonio Gala". En *Actas do Congreso Internacional de Estudios sobre Rosalía de Castro e o seu tempo*, III, 317-325. Santiago de Compostela: Consello da Cultura Galega / Universidade de Santiago de Compostela. [Incluido en su libro *Con Antonio Gala* (1996), 239-252.] Puede leerse en http://www.poesiagalega.org/ uploads/media/romera_castillo_1986_rosalia.pdf.

– (1986b). "Antonio Machado y Antonio Gala". *Boletín de la Academia Puertorriqueña de la Lengua Española* XIV (2), 151-168. [Incluido en su libro *Con Antonio Gala* (Madrid: UNED, 1996, 253-272).]

– (1986c). "Referencias sobre Iberoamérica en la obra periodística de Antonio Gala". En *Actas del II Congreso Internacional sobre el Español de América*, J. G. Moreno (ed.), 669-678. México: UNAM-Facultad de Filosofía y Letras. [Incluido en su libro *Con Antonio Gala* ((Madrid: UNED, 1996), 281-299).]

– (1989a). "*Samarkanda*, de Antonio Gala". En *Actas del IX Congreso de la Asociación Internacional de Hispanistas*, Sebastian Neumeister (ed.), II, 363-371. Frankfurt am Main: Vervuert Verlag. Puede leerse también en http://www.cvc.cervantes.es/obref/aih/pdf/09/aih_09_2_040.pdf. [Incluido en su libro *Con Antonio Gala* (Madrid: UNED, 1996, 170-183).]

– (1989b). "Lo coloquial en *El Hotelito* de Antonio Gala". En *Imago Hispaniae. Homenaje a Manuel Criado de Val*, A. Montero *et alii* (eds.), 595-625. Kassel: Reichenberger. [Incluido en su libro *Con Antonio Gala* (Madrid: UNED, 1996, 184-217).]

– (1989c). "Francia en el teatro de Antonio Gala". En *Imágenes de Francia en las letras hispánicas*, Francisco Lafarga (ed.), 191-198. Barcelona: PPU. Disponible en https://www.cervantesvirtual.com/obra/francia-en-el-teatro-de-antonio-gala-0/ [Incluido en su libro *Con Antonio Gala* (Madrid: UNED, 1996, 229-238).]

– (1989d). "Algunas observaciones de Antonio Gala sobre las hablas andaluzas". En *Homenaje al profesor Antonio Gallego Morell*, Concepción Argente *et alii* (eds.), III, 147-160. Granada: Universidad. [Incluido en su libro *Con Antonio Gala* (Madrid: UNED, 1996, 300-318).]

– (1991). "Antonio Gala". En *Siete siglos de autores españoles*, K. y Th. Reichenberger (eds.), 351-353. Kassel: Reichenberger.

– (1997). "Sobre Antonio Gala". *Cuadernos de Dramaturgia Contemporánea* (Alicante) 2, 53-56 (ver http://www.muestrateatro.com/home.html#pagina=/cuadernos.html).

– (1999). "El teatro: Antonio Gala". En *Historia y crítica de la literatura española*, Francisco Rico (ed.), Santos Sanz Villanueva y otros (coords.), *Época contemporánea: 1939-1975*, Primer suplemento 8/1, 675-678. Barcelona: Crítica. [Texto tomado de "Características del teatro de Antonio Gala", perteneciente a la Introducción de la edición de *Los verdes campos del Edén. El cementerio de los pájaros*, 43-47.]

– (2003a). "Análisis crítico". En Antonio Gala, *El caracol en el espejo*, 99-116. Madrid: Sociedad General de Autores y Editores (Colección *Teatrohomenaje*, n.º 7).

– (2003b). "El buen humor (en el teatro) de Antonio Gala". En *La comedia española entre el realismo, la provocación y las nuevas formas (1950-2000)*, Marieta Cantos Casenave y Alberto Romero Ferrer (eds.), 213-224. Cádiz: Universidad / Fundación Pedro Muñoz Seca. [Incluido en su libro, *Teatro español entre dos siglos a examen* (Madrid: Verbum, 2011, 271-285).]

– (2011). "Sobre el teatro con referencias históricas de Antonio Gala". En *Antonio Gala y el arte de la palabra*, Ana Padilla Mangas (ed.), 209-237. Córdoba: Universidad. [Incluido como "Antonio Gala: su teatro con referencias históricas", en su libro, *Teatro español entre dos siglos a examen* (Madrid: Verbum, 2011, 152-179).]

– (2016). "Antonio Gala y la música". En *Antonio Gala. Eterno y de cristal,* Isabel Martínez Moreno (ed.), 143-149. Sevilla: Junta de Andalucía / Consejería de Cultura / Centro Andaluz de las Letras (Catálogo de la exposición *Autor del año 2016*). [Incluido en el capítulo 16, "Teatro y música: el caso de Antonio Gala", de su libro, *Teatro de ayer y de hoy a escena* (Madrid: Verbum, 2020, 363-389)].

– (2021). "Ahora hablaré … de Antonio Gala: unas memorias caleidoscópicas". En *Antonio Gala. De la palabra al arte y el arte de la comunicación*, Ana Padilla Mangas (ed.), 273-289. Córdoba: Editorial de la Universidad de Córdoba.

– (2023a). "Antonio Gala: Escritor por destino, famoso y discutido". *Ideal. Diario Regional de Andalucía*, 30 de mayo, 51. Disponible en untitled (academiadebuenasletrasdegranada.org) y https://www.facebook.com/photo/?fbid=635578841941776&set=a.462073972625598. Puede leerse además en el *Boletín de la Academia de Buenas Letras de Granada*, n.º 20 (enero-junio de 2023), pág. 246: https://academiadebuenasletrasdegranada.org/

wp-content/uploads/2023/07/Boleti%CC%81n-nu %CC%81mero-20-enero-junio-2023.pdf.

– (2023b). "Antonio Gala en mi recuerdo". *Estreno. Cuadernos del teatro español contemporáneo* (College of the Holy Cross, USA) 49, 3-19. Disponible en https://www.academia.edu/111312147/ANTONIO_GALA_EN_MI_RECUERDO_ESTRENO_49_2023 y (18) (PDF) ANTONIO GALA EN MI RECUERDO (researchgate.net).

4. Reseñas

Con Antonio Gala (Estudios sobre su obra)

– Ana Padilla Mangas (1997). Reseña de José Romera Castillo, *Con Antonio Gala (Estudios sobre su obra). Signa* 6, págs. 429-434 (también en http://www.cervantesvirtual.-com/ obra-visor/signa-revista-de-la-asociacion-espanola-de-semiotica--4/html/dcd92e0c-2dc6-11e2-b417000475f5bda5_46.html#I_73_).

– José Manuel Reyes (Rutgers University) (1997). Reseña de José Romera Castillo, *Con Antonio Gala (Estudios sobre su obra). Gestos* (University of California, Irvine) 24 (noviembre), págs. 202-203.

– Emilia Cortés Ibáñez (1997). Reseña de José Romera Castillo, *Con Antonio Gala (Estudios sobre su obra)*. *Epos* XIII, págs. 536-539 (también en http://e-spacio.uned.es/fez37/public/view/bibliuned:Epos-1997-13-5110 y http://e-spacio.uned.es/fez/eserv.php?pid=bibliuned:Epos-1997-13-5110&dsID=Documento.pdf).

– Alfredo Rodríguez López-Vázquez (1997). Reseña de José Romera Castillo, *Con Antonio Gala (Estudios sobre su obra)*. *Lenguaje y Textos* 10, págs. 373-374.

– Coral López Gómez (1997). Reseña de José Romera Castillo, *Con Antonio Gala (Estudios sobre su obra)*. *España Contemporánea. Revista de Literatura y Cultura* (USA) X.2, págs. 99-100.

– Reseña de la revista (1997). José Romera Castillo, *Con Antonio Gala (Estudios sobre su obra)*. *A Distancia*, primavera, pág. 35.

Los verdes campos del Edén. El cementerio de los pájaros

– Dinda L. Gorlée (1988). "Antonio Gala: *Los verdes campos del Edén*, *El cementerio de los pájaros*. Edición de José Romera Castillo". *Epos* IV, págs. 485-487 (en http://e-spacio.uned.es/fez37/public/view/bibliuned:Epos-1988-04-

5070 y http://revistas.uned.es/index.php/EPOS/ article/view/9495/9051). [También, "Dos textos de A. Gala: Juntos, pero no revueltos". *Ínsula* 505 (1989), pág. 26.]

– Phyllis Zatlin Boring (1988). "Antonio Gala. *Los verdes campos del Edén* y *El cementerio de los pájaros*. Ed. José Romera Castillo". *Gestos* 5, págs. 166-167 (en inglés).

Cristóbal Colón

– Asela Rodríguez Laguna (1992). Reseña de Antonio Gala, *Cristóbal Colón* (edición de José Romera Castillo). *Estreno* XVIII.1, págs. 52-53.

5. Programas de TV

– (1997). "Comentarios a la obra *Con Antonio Gala* de José Romera Castillo". *Informativos UNED*, *La aventura del saber*, emitido en TVE-2 (31 de enero): https://canal.uned.es/mmobj/index/id/3384 y https://canal.uned.es/video/5a6f5bb5b1111f8f798b456f.

– (1997). Entrevista de Margarita Almela a José Romera Castillo sobre su libro *Con Antonio Gala*, emitida en TVE-2 y

Canal Internacional de TVE, programa *La aventura del saber*, 6 (7 de noviembre): https://canal.uned.es/mmobj/index/id/26374 y https://canal.uned.es/video/5a6fa44eb1111ff8778b45ad.

– (2001). Participante en el programa de TV, *Tiempo de tertulia*, n.º 35, *Con Antonio Gala: hablando de amor y soledad*, producido por IBECOM (Ibérica de Comunicación, Análisis e Información), realizado por EFE/Televisión y emitido en multidifusión por 175 canales de TV local, digitales y cable, Canal Cultura de Vía Digital (martes 22, 23 horas, y viernes 25 de mayo, por la noche), consorcio de 121 emisoras locales de radio de diferentes cadenas, se emitió también para Iberoamérica (VOA-SAT) y Cadena Nextwork de EE.UU. de habla hispana, 70 m., con Antonio Gala, Gregorio Salvador, Andrés Peláez, Joaquín Pérez Azaustre y Fernando Valverde (semana del 21 al 27 de mayo).